ID: # あなたは、いま 幸せですか？
～心の転倒防止～

半田 亜季子

近代消防社 刊

励ましメッセージ！

　アコちゃん、ご出版おめでとう。今回で6冊目ですね。いつも楽しく拝読しています。

　私たち夫婦とは、アコちゃんのご家族も含め40年に及ぶお付き合いになりますが、アコちゃんは何処に行くにも亡くなられたご両親・先祖の写真を身に付け、感謝の気持ちを忘れない。「変わらないね」と感心しています。

　あなたを一言で表現するなら「幾つもの顔を持つ才女」。

　目下、全力投球しているのが防災士の仕事。日本防災士会・広報委員長（現・参与）としてアコちゃんがマスコミや講演をしている姿を拝見し嬉しく思っています。また危機管理に関する考え方には、学ぶことがあります。わが家の玄関にも避難用リュックが二つ置いてありますよ。

　趣味は、クラシックバレエに美味しいものの食べ歩き。和服姿も洋服もバレエのタイツ姿もよく似合う美女。何とも多彩な羨ましい人生であることか！

　これからも各分野できっと大輪の花を咲かせるでしょう。

　そんなアコちゃんに乾杯！

福地茂雄
佐代子

〈筆者のアルバムより〉

東京消防庁消防出初式での行進

講演会（愛媛県西条市）

明治記念館にて

第23回高松宮殿下記念世界文化賞受賞者・小澤征爾さんと

テレビ番組出演の準備

モスクワ・ダンチェコの稽古風景

はじめに

　天災・人災、いつ何が起きるか分からない昨今、「自助」という言葉だけが一人歩きしていますが、果たして自分の身を自身が守り切っているでしょうか？

　災害時には、普段の行動・心のあり方が大きく影響します。普段できないことは、災害時にもできません。家具の転倒防止同様 "心の転倒防止" も必要です。

　日本は、戦後七十年余、ひたすら経済復興を目指し頑張って来ました。その七十有余年間を振り返れば、幾多の災害を乗り越えてきた歴史があります。先人たちの命を戴き、私たちは生きています。良く「生かされている」という方がいらっしゃいますが、生かされているのではなく「生かして戴いているのです」。

　生かされていると感じている方は、別に自分はどちらでも良いのだけれど、他の力によって生かされているから生きているだけだと、義務感で毎日を送られているので、ストレスも大きいでしょう。ところが「生かして戴いている」と感じていらっしゃる方は、本来は生きられないかも知れないのに、他の力によって生かして戴けて有難いと感謝の気持ちで毎日を過ごされています。実はこの差が幸せと感じられるか、不幸と感じるかなのです。

　残念ながら今は、高齢者が老後に不安を感じ、安心し

て年を重ねられず、若者は命の矛先を何処に向けて良いか分からず、もがいている状況です。

　あいまいが日本の文化ですが、今こそ国民一人一人が、日本の中でどう生きたいのか、どう人生を締めくくりたいのか、はっきりさせる時だと思います。それが本当の意味での自助につながるのだと、筆者は信じています。

　生あるものは、いずれは来世に旅立たなければなりません。二度も三度も旅立てるわけではないのです。そのたった一回の旅立ちに後生に何が残せるのか、考えてみようではありませんか？

　平成から、令和に改まる歴史的な節目の年。今からでも遅くはありません。筆者と共に、心のスイッチを明るいオンに切り替え、幸せと思える人生に致しましょう。まずは真実を知り、どう選択をするかです。目の前で起きている現実は、起こるべくして起きているのです。「まさか？」を「やっぱり！」にスイッチオン！

危機管理ジャーナリスト

半田　亜季子

現代の3K

健康 ・ 環境 ・ 危機管理

朝のありがとう

　「待って！」と思わず大声で叫んだ
ごみ収集車が全てのごみを収集し、走りかけていた
　　追加、もう一つ
「ありがとうございました」と思わずまた大声
　　運転席から手を振ってくれた
私も手を振り、深々と頭を下げる
収集車が角を曲がるまで・・・
　　幸せな朝の幕開けだった

「詩」がつは

二　斉藤　翔

けんちゃんがかえって
まちはからっぽだった
かいてもかいても
からからひらら
ぶうがぶってくる
うるさいぱっけ

おかあさん
どうしてはっぱは
木になってるの
みどり色なのに
下におちると
茶色になるの

おかあさん
みどり色のはっぱをとって
茶色にしてみたい

人間のきとがなる
ちきりとちがいちかい
数名で死

ぼくはまだ 11
茶色のせつ掘が
かたにかけて
おなじても
かくてもても
できなくなってしまった

だから、だから、
おきれてだはく
遠くかすむ音
夕日も藤をかくして
あたりはだんだん
くらくなってきた

あなたは、いま幸せですか？
～心の転倒防止～

目　次

励ましメッセージ！

はじめに

現代の3K ……………………………………………… vi

朝のありがとう ……………………………………… vii

「詩」かれは ………………………………………… viii

Q&A …………………………………………………… xiii

「お身体は？」無理されていませんか？ ………… 1

保険があなたを守ってくれますか？ ……………… 9

 保険のトリック ………………… 11

 保険の第一歩 …………………… 13

 保険料の行方 …………………… 17

 保険の七不思議 ………………… 22

 介護保険 ………………………… 24

 その他、諸々保険 ……………… 25

 地震保険 ………………………… 26

 華麗なる保険会社の世界 ……… 29

義母は、元気な93歳 ……………………………… 33

自分の身は、自分で守る！ ………………………… 45

いまを上手に生きる"術"！ ………………………… 49

三ヵ月の病院生活 ………………………………………… 53
びっくり仰天する出来事！ …………………………………… 60
介護は、大勢で！ ……………………………………… 63
老前リフォームにエコポイント！ …………………………… 65
マイナンバー …………………………………………… 66
道路交通法改正 ………………………………………… 69
身の危険を感じたことがありますか？どんな時？ …………… 70
　日本国は、自国民を守れるのか？ …… 75
　何故，日本は一つになれない？ ……… 77
中学社会科教科書で、歴史が変わる！ ……………………… 83
戦争とマスメディア …………………………………… 86
人間は、何処まで残虐になれるのか？ ……………………… 88
日本は、何処へ向かうのか？ ………………………………… 93
オリンピックとテロ …………………………………… 95
人間関係は、うまくいっていますか？嫌だと思う人は？ … 97
ストレス、溜まっていませんか？
　ストレスと感じる時は？ ……………………………… 105
キレることはありますか？誰にぶつけますか？ ………… 111
情報を何で得ていますか？
　その情報を活かせていますか？ ……………………… 115
知っておきたい現状！ ……………………………………… 120
　　消防の悲劇 ……………………………120
　　メディアより動画……………………………123
　　ネットの落とし穴……………………………125

安全保障法って? …………………………………………… 128
　グレーゾーン ………………128
　後方支援(重要影響事態法) ………………129
　集団的自衛権 ………………130
国際テロから身を守るには? ……………………………… 135
戦争を二度と繰り返させないためには? ………………… 141
情報が洩れていると感じたことはありませんか?
　誰に話しましたか? ………………………………………… 145
人に、はっきりものが言えますか? 誰に対しても! …… 151
死生観がはっきりしていますか?
　どういう生き方をし、どう人生の幕をおろすか …… 163
　　独裁ソ連と闘い抜いた"瀕死の白鳥" ………176
心の中に"神様"がいらっしゃいますか? ………………… 177
　神様は、あなたの心の中に! ………………183
どうして、"命"を粗末にするのでしょうか? …………… 184
変化に敏感ですか? ………………………………………… 188
いまの時代をどう生きる? ………………………………… 192
自然災害による自助とは? ………………………………… 202
　津波抑止新制度 ………………………211
天災・人災から身を守るには …………………………… 213
経済効果が被災者を救う! ………………………………… 216
おわりに ……………………………………………………… 217
索　引 220
　(本文イラスト／藤村俊一)

Q & A

① あなたは、いま幸せですか？

は い　　　　いいえ

ワンポイントアドバイス
幸せと感じられる"鍵"は、あなたの心の中にあります。

② 幸せと感じる時は、どんな時ですか？

草花の息吹きを感じた時

お金が入った時

ワンポイントアドバイス
お金は"お足"といって止まることを知りません。

③ 不幸と感じる時は、どんな時ですか？

人と比べて劣っていると感じた時

健康を害した時

ワンポイントアドバイス

自分を信じましょう。
「パラリンピック」の語源は、
「失ったものを惜しむより、いまあるものを最大限に生かすこと」です。

④ 国の体制がおかしいと感じた時、あなたは声をあげますか？我慢しますか？

声を上げる

我慢する

ワンポイントアドバイス

我慢すればストレスが溜まります。
病気になるか否かの境目はストレスです。
まずは、家庭内で声をあげましょう。

⑤ 知らないことを知りたいという興味がおありですか？

ある

ない

ワンポイントアドバイス
身体の衰えは脳からです。
常に日常のことに興味を持ち、脳の活性化を図りましょう！

⑥ 大災害が起きると思いますか？

起きる

起きない

ワンポイントアドバイス
災害が起きないという自信は何処から来るのでしょう。
「備えあれば憂いなし」です。

⑦ 余暇に映画を観たり、劇場に足を運びますか？

行く

行かない

ワンポイントアドバイス
人生は『感性』と『品性』です。
良い作品を観て感性を磨きましょう‼

⑧ 何が起きても感謝の心を忘れませんか？

忘れない

忘れる

ワンポイントアドバイス
感謝の気持ちがあれば、心も豊かになります。
心の中でいつも、「ありがたや♪ありがたや♪」
と叫びましょう。
良い顔になりますよ！

⑨ 毎日、大笑いしますか？

する

しない

ワンポイントアドバイス
「笑う門には福来る！」

⑩ あなたは、鏡に映るご自分の顔が好きですか？

好き

嫌い

ワンポイントアドバイス
疲れ気味の顔も含め全ての自分を愛してあげましょう。
自分を好きにならなければ、人からも好かれません。

⑪ ご自分に自信がありますか？

ある

ない

ワンポイントアドバイス
姿勢で世の中、変わります。
壁に背を向け、頭のてっぺんから、かかとまで身体が壁に付いているかチェックしましょう！
前かがみでいると、受け身の人生になってしまいますよ！

⑫ お酒を飲まれますか？

飲む

飲まない

ワンポイントアドバイス
「酒は百薬の長！」
お酒は適した温度で香りとコクを楽しみながら、ゆったりとした気分で適量飲めばストレス解消になります。
飲み過ぎは、脳をやられます。
脳は身体の"司令塔"。ほどほどに!!

「お身体は？」無理されていませんか？

　「健康だ」と自信をもって、おっしゃれますか？遺伝性の病気は別として、大半の病気は身体が事前のシグナルを送っているのです。それに気付いてあげられるか否かです。青信号として見逃すか、黄色信号で注意するか、赤信号で病院に行くかです。

　赤信号で病気に行く前に、日常生活の中で身体に悪いことをしていないか振り返ってみましょう！

　病気をつくっているのは自分自身なのです。暴飲暴食・不規則な生活・冷え・ストレス……思い当たることはありませんか？また「病は気から」と言いますが、心と身体は連動しています。健康を維持するためには、十分な睡眠と栄養、そして適度な運動が必要です。

　多くの医師が言われているように、病気を治すのは患者自身で、医師は薬や治療法を使って、その病気を一時的に抑え込むだけなのです。

　いま医療現場は、危機状態にあります。大学病院に患者が集中し、医師が患者を捌き切れないのが実状です。過酷な勤務で医師自身が病気になるケースも少なくありません。またベテランの医師が定年退職したり、女医が出産休暇を取ったりで、患者にとっても厳しい状況です。

医学は日進月歩で先進医療も増えてきています。でも研究は進んでも、実際に医療機器を自由に操れる医師は限られているようです。医師も人間ですから、ミスも犯すでしょう。最近はアメリカ並みに何かあれば、患者側が病院や医師相手に裁判に訴えます。もともと悪条件の中で、個々の患者が自分の要求だけを訴えるのですから、医師と患者双方が満足する結果に結び付くわけがないのです。また東京女子医科大学では、若い医師が危険と知りつつ「どうせ助からないのだから……」と子どもに投与した薬で、患者を死亡させてしまったケース。群馬大学病院では、腹腔鏡手術後8人が死亡、開腹手術でも10人の死亡事故がありました。

　医療費は、我々が加入している健康保険・国民健康保険が4割、国が3割負担し、残りの3割が個人負担です。保険証を忘れ自費で支払うと高額でびっくりすることがあります。しかし高齢化が進み、患者数が増えれば国の財政支出も増え、この割合がいつまで保証されるか分かりません。そこでどんな事態にも耐えうるように、国民一人一人が自分自身で健康になり、医療機関の利用を極力、抑えることだと思います。実際、先進国のイギリスでさえ、過去に医療崩壊したことがあったのです。"鉄の女"と呼ばれたサッチャー元首相の方針で「医療費は、自分たちで支払いなさい」と国の医療費を最小限にしま

した。国民が当たり前のように医療が受けられなくなり、病院は、外来・手術・入院を待つ患者でごった返し、医師も嫌気をさし、海外に脱出する有様でした。明日は、わが身。もう国に守ってもらえる時代は終わりました。

我われには、もともと身体が持っている「生きる力」があります。その力を自ら弱らせないように、健康目指しできることから始めましょう。

最近は2人に1人が、ガン。そして3人に1人が亡くなられているそうです。しかし、これも心配ないようです。「医者に殺されない47の心得」の作者で医師の近藤誠氏は、ガンは放置しておいた方が長生きするというのです。そもそもガンには、ガンとガンもどきがあって、がんは手を尽くしても限界があり、ガンもどきは自然消滅するといいます。そういえば良くガンが消えたと聞きますよね。神経質になってこのガンもどきの時に検査や手術は不必要かも知れません。これまでのガン治療は、抗ガン剤・放射線治療・手術が一般的でした。しかし、それに対するリスクは、半端なものではありません。髪の毛が抜けたり嘔吐、精神的負担も伴います。また近藤医師の説では、検査による一回の放射線量が相当なもので、身体にダメージを与えるそうです。特に輪切りのように部位を鮮明に映し出す検査においては……。

そこで我われは決断をしなければなりません。どう生

きたいのか？どう死にたいのか？死を意識した時、自ずから生きたい理由が見つかります。

生活習慣病の中で、三大疾病とされるのが、ガン・心臓病・脳血管疾患です。日本人の死因の多くがこの三つです。次に糖尿病・高血圧性疾患・肝臓病・腎臓病。すい臓に関しては、奥にあるため検査をしても分からないケースが多く、気付いた時には手遅れといわれています。

身近な所で気を付けることといえば、食品チェックです。食品の中の原材料を見てください。ハムに発色剤、たらこに着色料等、添加物ばかりです。野菜には、農薬も入っています。どうしてそのままではいけないのでしょうか？売れないからです。ハムに発色剤、たらこに着色料を使ってピンクにしなければ、美味しそうに見えないという顧客の目が、商品を添加物だらけにしているのです。本来の色はもっと白っぽいんです。筆者は極力、野菜は有機、魚は天然、ハム・たらこは無添加のものを食べるようにしています。多少、割高ですが、医療費がかからない分と、それで病気が回避できるのであれば安いものです。

俳優の菅原文太さんはガンで亡くなられましたが、食品の大切さに気付き晩年は、自ら有機野菜を作っていたそうです。有機野菜とは、土の段階から農薬を使っていないもの、無農薬は期間限定で農薬を使用していない野菜、減農薬は農薬を極力控えたもの。表示のないものは

全て農薬入りです。有機野菜は、畑で採れたての野菜本来の懐かしい香りがします。弱点は、日持ちしないこと。農薬を使用していないので、中を開けたら傷んでいたということもあります。

　近所のスーパーマーケットに有機野菜を扱って欲しいと頼んだ所「日持ちしませんからねぇ〜」と当初、渋い顔をしていた店長さんが、最近では有機野菜のコーナーを拡張してくれました。先日、丸大根を購入し料理しようとカットすると四分の一が腐っていました。余程、注意しようかと思ったのですが、それを承知で入荷して頂いたのですから、黙って四分の三だけ食べました。

　食品以外にも例えば、食品を包むラップです。「このラップは、ダイオキシン０％、燃やしても塩素系ガスやダイオキシンが発生しないポリエチレンを使用しています。無添加だから安心」と書いてあるということは、それ以外のラップは、熱を加えれば塩素系ガスやダイオキシンが発生するということです。そのラップで食品を包んで電子レンジにかけたらどうでしょう。以前、中国の子ども用下着に発がん性があるものが発見されたと報じられました。時代劇に出てくる毒入りの食品であれば、その場で「ウウッ！」と苦しむのでしょうが、発ガン性のあるものは、その場では分かりませんが、蓄積すればがんになる可能性が高いということです。筆者は電子レ

ンジはほとんど使いません。冷ごはんを温める時は、蒸し器を使います。ひと手間かけることで、ご飯もふっくら美味しいですよ！

　最近、ガンが唾液で分かる研究が進んでいますが、実は口の中が大変重要なことをご存じですか？食後、女性が洗面所で歯ブラシしている光景を目にしますよね？とても良いことなんです。口の中は、バイ菌だらけ！口腔ケアが、歯科医師の中で勧められています。歯科医が被災地に入ったのは、東日本大震災が初めてでしたが、歯磨きができない中、高齢者が肺炎になりお亡くなりになるケースが非常に多かったのです。

　起床して歯磨きもせず、食後に歯磨きをするなんて、自らバイ菌を体内に運んでいるようなものです。

　夜休んでいる時は、唾液が出ないためバイ菌が繁殖しやすい訳です。虫歯を恐れて、食事を控えるのも良くありません。食事を摂り、噛むことで唾液が出るのですから……。

　乾燥する時期は、耳の後ろのリンパ腺を指先で刺激する等、唾液を出すよう心がけましょう（舌の先で、歯と歯茎の間を内・外側に何周か刺激してください。直ぐに唾液が出ます。）。噛むという行為は、脳にも刺激を与え、認知症予防にもつながります。

　従来の虫歯の治療は、虫歯に罹っている歯を削るか、

奥深い場合は神経を抜いていました。この方法ですと、歯がボロボロになり、いずれはインプラントか入れ歯になり、噛む力も衰えます。ですから、最近はなるべく根を残そうとする根管治療が主流になっています。ただスクリーンを使っての表面に見えない根っこの治療なため、高度の技術が必要となり、医師によってできばいは様々のようです。治療しないで済むように、2ヵ月に1回程度、腕の良い歯科衛生師による歯の清掃をお勧めします。バイ菌には、親から受け継いだ生まれながらのものと、歯磨きの悪さからなる後天的なものがあります。

　生活習慣を改めることによって、七大疾病はかなり遠ざかるはずです。ガンは、遺伝性のものは別とし、安全な食事等を選ぶ事で、発がん性の要因は激減します。脳を刺激することで脳障害も防ぎ、心臓は外部と室内との温度差をなくし、急に過激な運動はしないとか、為す術はあるはずです。

　肝臓は、お酒を控え、疲れを溜めないことでしょう。病気一般にいえることは、低体温とストレスです。低体温になると免疫力も低下し、病気に勝つことができなくなります。体温を上げるように、温めてあげてください。おへその周りとか、腰・太股等です。また足底に全臓器のツボがありますから、足底を温めると身体全体もポカポカしてきます。夏季も同様です。

もう一つ。衝撃的なことを耳にしました。全力で青少年育成に取り組んでいらっしゃる大学教授の講演に伺った際です。「日本はあと10年、もたないだろう」というのです。中国から麻薬が大量に入って来て、防ぎようがないそうです。同教授は「日本はどうして、危険ドラック等と曖昧な表現をするのか？麻薬は麻薬だ」と。リラックスできるという入浴剤、芳香剤にも微量の"麻薬"が入っていると注意を促していました。

　ウエットティッシュも、アルコール入り除菌シートをデリケートな部分に使用すると、かぶれや湿しんが生じる場合があります。普段、何気なく使っているものの中にも身体に悪いものがあるようで、改めて身近なチェックが必要なようです。

　健康を維持するには、十分な睡眠とバランスの摂れた食事、そして適度な運動です。最近、"現代型不眠症"の方が増えていることをご存じですか？

　スマートフォン等の使い過ぎで、脳のストレスが不眠の原因で起きるテクノストレスは、2〜3時間の睡眠しかとれないため、仕事に支障をきたし、社会生活ができなくなり、結果として、引きこもり・うつ病に進むケースもあるようです。運転中に眠気を催す人は、89％。

　気付かぬうちに、自ら健康を害する場合もあるということを肝に銘じるべきでしょう。

保険があなたを守ってくれますか？

　天災・人災、いつ何が起こるか分からない昨今、国の方針が次々変わり、医療保険においても患者の負担額が増えたり、相続税の免税額が下がったりで、将来の不安は増す一方です。その国民の不安を煽るかのように、各保険会社が形振り構わず顧客獲得に鎬を削っています。

　果たして保険が将来の不安を解消してくれるのでしょうか？

　史上最大の火山噴火で驚異を見せつけた御嶽山。噴火後も御嶽山の人気は下がることなく、登山希望者は後を絶たないそうです。その中で、高齢者の登山者がテレビのインタビューに「保険に入っているから、大丈夫です」と答えているのを見て、唖然としました。

　噴火・津波等、自然災害は、保障の対象外だということをご存じでしょうか？恐らく東日本大震災で、各保険会社が、挙って顧客に保険金を支払ったことで、自然災害でも保険金が支払ってもらえると錯覚しているのだと思います。あの時、各保険会社がわれ先に被災者に保険金を支払ったのは、それまで加入者に保険金を支払わず、出し渋りの傾向が続いていたからです。しかし、日本の災害史上でも最大といわれた東日本大震災で、世界が援

助の手が差し伸べている中で、知らん顔はできなかったのです。住友生命が最初に保険金を出すと、出遅れて薄情だと思われないように、次々支払うようになったのです。ただ当然のことながら、支払い過ぎれば保険会社にお金がなくなるのは当然です。つまりそれがいまの状態です。

ですから、保険内容も次々変わっています。例えば、住宅を購入する際、銀行でお金を借りれば、ローンが終わるまで長期の火災保険が付けられていました。しかし、いまはそれも見直され、ローン支払い中に火災が発生し家屋が焼失しても銀行ローンだけは支払っていかなければならなくなりました。

また保険料を契約時に一時払いし、保険会社がそれを運用し、顧客に比較的高い利回りを提供していた貯蓄性保険の販売停止も相次いでいます。

顧客もよほど賢くならないと、月々無理をして保険料は支払ったものの、いざという時に保険金が受け取れないという事態にもなりかねません。

いつ身の危険に晒されるか分からない昨今、身を守れるのは自分だけです。保険に加入するなら、事前にしっかり保険の知識を身に付け、損をしないことです。

テレビCMに騙されてはいけません。資料請求するだけでお米が10キロもらえるといわれ、お米欲しさに資

料を請求すれば、あなたの個人情報は未来永劫、その保険会社に保管されます。もし一人のプランナーが会社を辞める際、それを持ち出し、他者に売ったら、二重・三重にあなたの個人情報は一人歩きするのです。おかしいと思いませんか？警察だって個人情報の壁で捜査に規制がかかるというのに……保険会社だって、期間を区切って、加入しない者の情報は削除するべきです。

この際、保険を通じ正しい知識を見に付け、世の中の仕組みを理解し、本当の自助とは何か？国民一人一人が考える時代に入っているのではないかと筆者は思います。

筆者が体験した驚くべく実態を元に、保険会社の言いなりにならない賢い保険の入り方をご説明します。

保険のトリック

いまテレビコマーシャルで一番、頻度の高いのは何処だとお思いですか？保険会社です。まるで人生への不安を煽るかのように，視聴者に訴えます。そしてあたかも安心を提供してくれると錯覚させるアピールをするのです。勿論、いざという時に保険金が下りることで助けられることはあるでしょう。

筆者も1981年から、お守り代わりに掛けてきた保険

があります。でもただの一度も使ったことはありません。健康に感謝し、使わないで済んだことを有難いとも思うのですが、当時の保険の外交員といまとの違いに驚かされると共に不安さえ感じるのです。

当時は、夫婦連生型の保険が主流でした。生命保険と医療保険が一緒になっていて、夫婦が別々に保険に入ると2倍の保険料がかかる所、一体型にすることで保険料を抑えられます。

但し、保険料は数年毎に上がっていき、保障は最終段階で7割減らされます。加入当時は良かったのですが、保険料とその後の保障を考えるといまのご時世には合っていないことに気付き、別の保険会社に相談した所、まぁ〜"ハイエナ"のように保険会社が集まり、「保険戦争」が始まったのです。つまり、いままで掛けてきた保険を自分の所に移行させようというもので、他社の悪口ばっかり。「A社は潰れそうだ」とか「B社はいざという時に保険金が出ない」とか……。

皆、一斉に集めたらどんなことになるのかと思うほど、形振り構わずの"保険合戦"です。

しかし、もっとショックだったのは、いままで数十年もたったの一回も保険を使ったこともなく、ひたすら保険料を支払い続けてきた保険会社が、途中でデータを消してしまったという事実です。他社が入ったことで、そ

のことが明るみになりました。自動更新だったため、何の説明もないまま継続されてきました。恐らくコンピューター上のミスでしょうが、長い間に担当者も代わりいまとなっては調べようもないというのです。いくらお守り代わりとはいえ、あまりのずさんさに唖然としました。

"保険戦争"に巻き込まれたくないと思いつつも、現代社会に生きる以上、真実を知り、上手な保険の入り方を学ぶべきだと悟った次第です。また保険を通じ、自分なりに生き方もはっきりしてきたように思います。

筆者と共に、保険の一歩を踏み出してみませんか？

保険の第一歩

保険には、家族のための死亡保険と自分のための医療保険があります。

医療保険は、長期の入院や高額の治療費に備え、個人負担を少なくするためのものです。強制加入の公的医療保険と任意加入の民間医療保険があります。

最近は医療の進歩で、入院日数が減っているため、「60日」間の保障が大半で、三大疾病（ガン・心臓疾患・脳疾患）のみ無制限というタイプが多いようです。

従来の保険は、入院5日目から保障となっていましたが、いまは「入院初日から（日帰り入院）」給付金が受け

られるものもあります。その分、保険料も割増です。

　問題は、長期入院で医療費がかさみ収入が途絶えた時です。損害保険会社の「所得補償保険」は、ケガや病気で入院した時に働けなくなった期間に一定金額を月額で受け取れます。

　また「高額療養費保険制度」は、収入に応じて限度額が設定されており、その額を超えた分は、ほぼ戻ってくるというものです。

　保険のタイプには、保険料を抑えた「掛け捨てタイプ」と「積立タイプ」があります。積立タイプは、満期時や数年毎にお金が受け取れますが、そのお金は全て我われが支払った保険料の中から支払われるのです。

　次に「定期タイプ」と「終身タイプ」ですが、定期タイプは一定期間のみ保障されますが、その期間を過ぎれば何の保障も無くなります。保障が切れた時点でまた新たに保険に加入すると、年齢を重ねた分、保険料も高くなっていますし、第一その時に健康であるという保障はありません。「持病があっても入れます」と謳っている保険会社もありますが、保障金額が低いか保険料が高く上乗せされています。その点、終身タイプは100歳だろうが200歳だろうが、生きている間はずうっと保障されます。支払方法は、期間を区切って払い込んでしまうものと一生涯、支払っていくタイプの二通り。いずれも高度障害

になった場合は、保険料が免除されます。

　保険料が安く、保障が手厚いというのが理想ですが、そうは問屋が卸しません。事故やケガによる「損害保険」は別物です。

　同じ商品でも保険金額は、保険会社によってマチマチです。値段交渉をすると「私は、そのご提示の金額にして差し上げたいのですが、金融庁の規定がありまして、そんなことをしたら私の手が後ろに回ってしまいます」といったライフプランナーがいました。金融庁に問い合わせたところ、金融庁は新しい商品が出る度に審査はするが、保険料に関しては、あくまで保険会社と顧客の問題だと。

　加入の方法は、通信販売（インターネット・電話で申し込み）と対面販売（プランナーと面談）があります。

　ただ漠然と入るのではなく、必要性・保険料・肝心な時に本当に支払ってもらえるのか等、調べてから加入することをお勧めします。保険料は年齢によって数十倍も違うことから、若いうちに終身タイプの保険に入り、数年毎に見直すというのが賢い加入の方法だと思います。

　その際、知っておかなければいけないのは、見直しには「更新」と「変換」があるということです。更新は、その時の健康状態によって保険料が上がります。変換は、これまでの保険を使って別の保険に入るもので、この

際、健康状態は問われません。
　「自分の身は自分で守る」。保険会社のプランナーに騙されないようにしましょう！

保険料の行方

　我われが月々支払う民間の保険料は、どのように使われるのでしょうか？

　保険会社は、死差益・費差益・利差益と分類します。死差益は、保険加入者の誰かが亡くなった時に支払う保険金。保険会社が支払うわけではありません。我われの支払った保険料の一部が回されるのです。まあ、これはお互いさまですから良いとして、次に費差益です。社員の人件費・広告料等に使われます。つまり、いまテレビで一番頻度を多く流しているコマーシャル料に消えるのです。テレビコマーシャル料は、時間帯によって異なりますが、30秒のCMを4〜5回スポットで流すと、約2、300万円がかります。それを一日中、流す必要があるのでしょうか？最後の利差益ですが、これは国債や外債に使われます。利益が出れば、顧客に還元すると謳っていますが、どれだけ保険会社が儲かったかなんて、一般の加入者は知る由もありません。

　保険会社の社員は優遇されているのでしょうか？保険に携わる者は、生命保険協会が実施している試験に合格しなければなりません。ランクは、一般過程・専門課程（ライフコンサルタント）・大学（トータルライフコンサルタント）とあり、最終過程までいくと、特約・定期的

終身保険の商品が扱えます。保険加入者が増え会社が儲かれば、社員の生活が潤うのでしょうか？あくまで業績次第だといいます。基本給はあるものの、加入件数が取れなければ、その基本給も下げられ、会社を辞めざるを得ません。だから形振り構わず、顧客獲得に凌ぎをけずり"保険戦争"が起きるのです。他社同士、時には社内で社員同士が成績の奪い合いとなります。

良く保険は「間口が広く、出口が狭い」といわれます。入る時は、誰でも"welcome（歓迎）"だが、使う時は、なかなか出さないという意味です。保険会社からすれば、顧客の言いなりに保険金を支払っていたら儲からないということでしょうが、支払っている側からすれば、いざという時に保険金が下りると信じればこそ、多少無理をしてでも毎月の保険料をお支払いしているのです。

では支払ってもらえないのは、どういう時なのでしょうか？「告知義務違反」があった場合というのですが、顧客が虚偽の申告をして多額の保険金を保険会社に請求するといった特別の場合を除いては、まず考えられません。

ところが意外と普通の家庭からも「支払われなかった」と耳にします。それも通信販売のように顧客が一方的に申告書に記入した場合ではなく、対面式で家庭訪問もした上で、審査を通り加入したにも関わらず、いざという時に支払われなかったというのです。

話を聞いてみると、申告書を記入する際、明らかに保険会社の社員が審査に通るように誘導していることが分かりました。でも実際に保険会社に残るデータは、顧客がサインした自筆の申告用紙だけです。それもご丁寧にそのコピーを申告者に送付し、再確認させています。誘導した証拠は何処にも残りません。文句を言いたいにも保険の勧誘をした人間は、あくまで顧客を加入させるまでのことで、審査をする部署は全く別です。つまり加入させるだけの入口と出さないための出口です。顧客が一方的に悪い場合は別として、些細なしかも保険会社の社員が誘導して書かせた申告書であれば、義務違反とされるその項目だけを外し、別の項目を生かすか解約させるのであれば、それまで支払ってきた顧客の保険料金は返還するべきだと思います。顧客側だけがまるで犯罪者のように扱われ、何もなかったように全てが終わってしまうなんて、これでは"遣らずボッタクリ"です。

　保険会社の社員に審査が入る場合の条件を聞くと、加入時から2年以内に保険請求があった場合、加入前に病気にかかっていなかったか調べるそうです。保険金の請求額が大きい場合は、2年を過ぎても調べが入るとか。調べは、健康保険等が使われたか否か、使われた際の病院に出向き、医師にカルテの開示を依頼し、その内容次第で「告知義務違反」と判断するといいます。カルテは

個人情報ですが、医師側も保険会社に言われれば、出さざるを得ないようです。

保険会社は、いかなる場合も自分たちにとって不利にならないように「重要事項説明書」に記しています。しかし米粒台の細かい活字を全て読みこなせる顧客なんているのでしょうか？そういわれないように最近は、DVDにもなっていますが、厳密に理解するためには、弁護士にでも解説してもらわなければ理解できないでしょう。

そこで顧客側は、一方的に申告書にサインしたのではないという証拠を残す必要があります。いつ何処で誰が何を言ったかを刻銘にメモし、また誘導された際は「すみません。この紙に書いて頂けますか？」と社員の実名の書面を取ります。加入前にこの位の要望が通らないとすれば、ご縁がなかったとその会社との契約は止めるべきでしょう。良心的に接してくれる社員もいるはずです。

勘違いしているのは、まるで医師かのような特権意識です。その相手と対等の立場で話ができなければ、ろくな結果にはなりません。

金融庁が、保険会社のやり放題の営業に規制をかける動きが出てきました。いくつかの保険を取り扱う代理店が、自分の所に多くマージンが入る高い商品を顧客に勧める傾向にあることを問題視しています。同庁は顧客の声を聞きながら規制をかけていきたいという方針ですか

ら、何が起きているのかその実態を諦めず、金融庁に声を挙げてください。保険会社の言いなりにならないことです。顧客あっての保険会社なのだということを忘れてはいけません。

　保険のいろはですが、保険料を決める際、最近は実年齢で決めるのが一般的ですが、保険年齢と称して、1歳プラスして高い保険料を提示する保険会社もありますし、「日帰り入院でもお支払いします」といわれても、入院する場合はホテルや旅館の1泊2日とは異なり、早朝退院したとしても2日分の入院費が必要となります。最低限の知識を身に付けた上で、保険会社と互角に交渉をし、少しでもおかしいと思ったら、金融庁に報告しましょう。

金融庁（保険）03-5251-6811　午前10時〜午後5時まで
　聴きたい内容をメモし、感情的にならず端的に話す。

一般社団法人「生命保険協会」・生命保険相談窓口
〒100-0005　東京都千代田区丸の内3-4-1
　　　　　　　　　　　　　　　　新国際ビル3階
　03-3286-2648
　生命保険に関する質問を受ける所。事前に電話して当日必要なものをに聞く。
　　注意　「保険の窓口」と間違えないように！

保険の七不思議

　保険会社のCMで「事故も起こしていないのに、保険料がこの値段なら良いかと思って……」という自動車保険のPRですが、「事故を起こしたのに、保険料がこの値段なら良いかと思って……」ではないのでしょうか？

　事故を起こしていないのなら、保険金を支払う必要がないわけですから、保険料は値引きされるべきですし、事故を起こしたのなら、他の加入者の保険金を使ったわけですから、その分、次の契約時には高くなるのが当然だと思うのですが、どう思われますか？繰り返しになりますが、保険金の支払いは保険会社がしますが、その保険金はあくまで我われ顧客が支払っているお金なのです。

　自動車保険では、こんなエピソードがあります。筆者もゴールド免許証所持者で、無事故・無違反なのですが、タクシーに乗っていた際、ドライバーが突然飛び出してきたママチャリに驚き、急ブレーキを踏み、後部座席に座っていた私は右半身を強く打撲しました。でもタクシー会社の保険というのはタクシー会社独自のもので、一般の我われが加入しているものとは違い、死亡事故とか余程大きな事故を運転手が起こさない限り、殆ど支払われません。まぁ、タクシー会社にすれば、数十人・数

百人というドライバーを抱えているわけですから、事故件数も半端でないでしょうし、いちいち支払っていては破産してしまいますよね？

こちらはリハビリ等、お金もかかることから、自分の加入している保険で補えないかと電話で相談してみました。すると、自動車保険は、加入者に過失があった場合、被害者に対して支払われるもので、今回のようにこちらに全く過失がない場合は対象外だというのです。悪くもないのに痛い思いをして、そこにかかった費用は何処からも出ないなんて、理不尽ですよね？

ただ私の契約内容の中に、弁護士費用が入っていたらしく、その部分で支払ってくれることになりました。当の本人は弁護士費用を追加していたことをすっかり忘れていたのですが、担当者が教えてくださり「お支払い頂いているのですから、当然です」と少しでも有利になるようにはからってくださいました。通信販売で、面識もないのに、顧客のために何とかしてあげたいという誠意が伝わってきて、ありがたかったです。

高齢者のドライバーも増えてきていること、また中には大切な顧客の命を預かっているという自覚に欠けたタクシードライバーもいることから、乗車する我われも気を付けなければいけませんね？車・自転車は、動く凶器です。

介護保険

　介護保険制度は、平成12年4月1日にスタートし、介護保険法は、3年ごとに改正されてきました。現在の日本においては、年金や医療、介護といった社会保障給付費が過去最高を更新し続けているのが現状です。2025年（令和7年）には団塊の世代が75歳以上となり、認知症も増えてくることから高齢者でも収入によって負担額を2割から3割に引き上げようというものです。

　一方、介護施設は潜在ヘルパー（1日ヘルパー2級の場合）、資格を持っている人が350万人いるのに対し、実際に働いている人はたったの30万人です。理由は、重労働と重い責任の割に給料が安いから（平均年齢40歳で、平均年収300万円）。平均勤続年数5年半。

　現在、要介護で養護施設に入りたいと希望されている待機者が全国に52万人いらっしゃいます。

　特別養護老人ホーム（ユニット型個室・要介護3の場合）の費用は、1日約8,000円。在宅の身体介護（風呂・トイレ）は、1時間約4,000円。生活援助（洗濯等）が、約2,400円です。

　この費用は、40歳以上の人が月額約5,000円を保険料として国に納めたものと税金で援助し、利用者の負担は1割で済みます。

ところが、40歳以上の人がこの保険料を支払わなくなってしまったのです。そのため民間の保険会社の介護保険に頼らざるを得ないのですが、保険料が高いため加入する人は限られています。

　これ以上、介護難民を増やさなくするためには、地域の包括ケアと予防介護が必要です。身体は使わなければ動かなくなってしまいます。

　美濃部都知事の時には、老人医療費は無料でしたが、高齢化が進み、少子化になった現在においては、高齢者といえど自分の身は自分で守らなければなりません。

　非認可の養護老人ホームもありますが、非認可のため、施設内で虐待が起きていても把握できないのが実態です。大災害が起きれば、災害弱者になる高齢者。自力で生活できるよう、地域で支えていこうではありませんか？

その他、諸々保険

　自転車保険にペット保険……等、日常生活に密着した保険が次々登場します。民間の保険会社に単独で加入するより、保険料が安く保障もしっかりしているのが、「団体保険」です。しかしこの場合も除外部分は、小〜さく書いてありますから、虫眼鏡でも見てください。逆にい

えば、その小〜さく書かれてある部分だけを目をさらにして読んでいれば、いざという時に「こんなはずではなかった」と地団太を踏む羽目にはならないと思います。テレビコマーシャルは数十秒が勝負、売りの良い部分だけを謳っていますから要注意です。

地震保険

　地震・噴火・津波と自然災害が目白押しの昨今、その被害を受けた際の保険は、必要不可欠です。対象は、建物と家財。

　地震保険は、単独では入れません。火災保険とセットです。火災保険をいくら掛けているかによって、地震保険にいくら入れるかが決まります。地震保険は、火災保険の30％〜50％。また建物は5,000万円、家財は1,000万円が限度額で、他社の保険にいくら加入していても、合算してこの金額しか出ません。

　火災保険に入っていても、地震が原因で火災が発生し家屋が燃えてしまった場合、保険金は出ません。

　保険料は都道府県によって違います。また昭和56年6月1日以降の耐震基準を満たした建物であれば、「建築年割引」で10％の割引。「住宅品質確保法」に定められる耐震等級が1〜3クリアすると「耐震等級割引」で10〜

50％の割引。同法の免震建築物は「免震建築物割引」で50％の割引。

地方公共団体等による耐震診断、または耐震改修の結果、建築基準法の耐震基準を満たしていれば「耐震診断割引」で10％割引。併用はできません。

地震保険は、長期契約すると保険料が安くなります。2年分まとめて払えば、1ヵ月分ほど割引になります。

地震保険は、平成19年から所得控除の対象になりました。支払った保険料を確定申告すると、所得税で最高5万円。住民税で最高2万5千円が控除になります。

地震保険で補償される損害と支払われる保険金は、表のとおりです。ご参考ください。

	損害の程度	補償される損害	支払保険金
建物	全損	地震等の被害を受け、主要構造部の損害額がその建物の時価の50％以上となった場合。または、焼失・流失した部分の床面積が、その建物の延床面積の70％以上となった場合。	建物の地震保険金の全額（限度額は時価）
建物	半損	地震等の被害を受け、主要構造部の損害の額が、その建物の時価の20％以上50％未満となった場合。または、焼失・流失した部分の床面積が、その建物の延床面積の20％以上70％未満となった場合。	建物の地震保険金額の50％（限度額は時価の50％）

建物	一部損	地震等の被害により主要部分の損害の額がその建物の時価の3％以上20％未満となった場合。または、地震等を直接または、間接の原因とするこう水・融雪こう水等の水害によって建物が床下浸水または、地盤面より45cmを超える浸水を被った場合（但し、当該建物が地震等により全損・半損または、一部損に至らなかった時）。	
家財	全損	地震等により被害を受け、損害の額がその家財の時価の80％以上となった場合。	家財の地震保険金額の全額（限度額時価）
	半損	地震等により被害を受け、損害の額が、その家財の時価の30％以上80％未満となった場合。	家財の地震保険金額の50％（但し、限度額は時価の50％）
	一部損	地震等により被害を受け、損害の額が、その家財の時価の10％以上30％未満となった場合。	家財の地震保険金額の5％（但し、限度額は時価の5％）

　ここでの注意ポイントは、建物の主要構造部と建物・家財の時価という所です。主要構造部とは、ハリ、つまり構造耐力上主要な部分ですので、余程の衝撃がなければ、支障を来たすことはありません。鑑定人の損害調査も厳しいです。次に時価ですが、これは同等の物を新たに購入するのに必要な金額から、使用による消耗分を控除して算出した金額です。新品でない限り、同じ物は購

入できません。

　また地震が発生し、10日以降に生じた損害についても、保険金は支払われません。

華麗なる保険会社の世界

　知人に旅行会社の添乗員がいます。彼女は添乗員になる前に保険会社のアルバイトをしたそうです。正社員にならなくても良いから、資格だけ取ってほしいと保険会社から言われ受験し、試験に合格したところ……。

　「君は優秀だから、個人の顧客でなく企業を回って、社員の名簿をもらって来てください」と上司の車でとある会社に連れて行かれたとか。訳も分からず人事部に行った所、すんなり社員名簿を渡してくれたというのです。

　彼女はもともと添乗員志望だったため「戴いてきました」と名簿を上司に渡すと「えっ、これはあなたの"お宝"なんだよ！」と驚かれたそうです。

　念願適って、海外担当の添乗員になり、仕事にも慣れてきた頃、ハワイのツアーに保険会社の方々をお連れすることになりました。

　アルバイトで保険会社の雰囲気を何となく理解していた彼女でしたが、あまりの派手さにビックリしたと言い

ます。成田に集合した時は、普通のおばさま・おじさまだったのですが、チャーターしていた船に乗り、パーティーが始まると、女性は真赤なロングドレス、男性はタキシード姿。保険売上の上位社員は、家族も招待されます。成績順に社長からトロフィーや賞金が贈られたそうです。何と年収は、7〜8千万円とか。勿論、全員が高額所得者ではなく、業績の悪い社員もいます。あくまで、業績次第ですが、業績の上がらない社員は社内でも肩身が狭く、自腹を切って顧客にプレゼントをしまくるか、身内を保険に加入させるかで、自分の首を自分で絞めるような方もいるようです。

　ある社員など、サラ金でお金を借り、返済できなくなり、妻の実家に返済してもらい離婚されてしまったという悲劇に。

　そういえば私もこんな苦い経験があります。

　総合的に保険を扱っている会社に、何処の保険が良いか相談に行った時のことです。たまたま担当者が不在で女性が代行することになりました。女性は説明も上手く、手際も良く女性同士ということもあり、加入する保険が決まりました。彼女は「自分の成績にはならないのですが、お客さまがご満足戴けることが一番です」とプロのプランナーといった感じでした。ところが数日後、彼女から電話が入り、担当者を代えたいと会社に言ってほし

いというではありませんか。担当者に不備があった訳でもないので、それはできないが、お礼にお食事でもというと、彼女も納得してグランドハイアットホテルに連れて行ってほしいというのです。エボラ出血熱が日本にも入って来ているようだとニュースで報じていた時でしたので、外国人の出入りが多いホテルに敢えて行く事もないと思い、返事を濁していると「分かりました。こちらで適当な場所を用意致します」とさすがやり手のプランナーという感じです。彼女が予約したのは高級中国レストランでした。約束の15分前に着くと、彼女はもう着いており、黒のスーツに全身ブランド品を身に付け、足組みし、外国タバコをプカーリ・プカーリ……、昼間会った清そな感じとは、全く違ったイメージでした。注文も彼女が先で「後はお好きなものを」と。いくら担当者の不在に自分が代わって手続きをしたからといって、普通、招待と分かっていればお安いものを注文するのが、マナーではないでしょうか？それを上海ガニとか飲み物もまだグラスに残っているのに、一言の断りもなく注文する厚かましさに目が点になっていると「お嫌でしょうけど、もう少しお付き合いください」と先手を打たれてしまいました。仕方なく彼女の話を頷いて聞いていると「や～だ、もうこんな時間？タクシーで帰らなくちゃ！」と暗にタクシー代を請求しているようでした。勿論、レ

ジからはサッと離れ、当然のようにご馳走さまの一言もありませんでした。

　後味の悪い食事でしたので、翌日「お好みの高級料理でなくて、申し訳なかったですね」とメールを流せば「いえ、あれはあれで美味しかったですよ」との返信。つまり、贅沢三昧の保険会社の社員さんにとっては、我われ庶民との間に、月とすっぽんほどの隔たりがあるということです。

　プランナーが顧客を獲得するには、3つのパターンがあります。
1　顧客をひたすら褒めまくり、顧客との接点を見つけてはコミュニケーションを図ろうとするタイプ。
2　プレゼント等、貢ぐタイプ。
3　顧客に甘えるチャッカリタイプ。

　我われが支払う保険料は、保険会社の社員さんのために泡のごとく消えていくのであります。

　しかし、彼らこそが生活習慣病の患者そのもので、贅沢三昧した分、そのツケが後から回ってきて、病院通いをされている方も少なくないようです。皮肉なものですね？

義母は、元気な93歳

　義母は34歳の時、夫が戦争の後遺症で亡くなったため、以来ずうっと一人暮らしをしています。子ども二人を育て上げ、埼玉県熊谷市に住んでおりましたが、老後を考え、我われとスープが少し冷めるぐらいの距離に転居して来ました。

　義父のお墓も熊谷市の由緒あるお寺さんにあったのですが、お墓参りも近くの方が良いと、お墓も転居させました。ここいら辺の判断が実に見事なのです。「あきこさん、どんなお墓が良いかねぇ〜？」と相談されたので、私がデザインし、ピンクのお墓にしました。

　新たな土地で慣れるかと心配しましたが、直ぐに友だちもでき、私がご近所の方に「義母がいつもお世話になっております」とご挨拶をすると決まって返ってくる言葉が「こちらの方がお世話になっているんですよ！」。東日本大震災の時も液状化しましたが、普段から避難訓練や炊き出し、お祭りにも積極的に参加していたため、断水が続いても若い方を励まし、何とか乗り切りました。戦争を体験している人は、生きる術を持っているのです。

　夫と「今年で93歳か94歳か」で揉めるのが日課。横で私と息子が「どっちでも良いじゃないか」と呆れてい

ますが、義母にとってはこの一歳が貴重なのです。でも頭は夫より、ずうっとクリアでユーモアのセンスもあります。スーパーマーケットで私と息子がふざけて、エスカレーターと壁との狭いすき間をスゥーっと通り抜け「やった〜」とガッツポーズをとると、その後に続き、通り抜けようとしているではありませんか？ところがお腹がつかえ出られなくなってしまったのです。一瞬、救急救命士に何と弁解しようかと迷いましたよ。とにかく興味・好奇心が半端じゃないんです。テレビもいつでも放送した番組が観られる契約をしており、民放の連続ドラマ「ひる顔」を観ては、嫁の私が家にいるか確認の電話を入れてくるのですから、たまったもんじゃありません。

　私との電話も情報交換。私が黒豆の煮方やなま酢の作り方を聞くと、あちらは防災グッズを尋ねてきます。

　義母の日課は、朝、新聞を隅から隅まで読むことから始まります。その後、NHKの「みんなの体操」をします。これは私も続けていますが、お勧めです。体調に合わせて無理をせず、瞬発力を上げていきます。そして食事は朝は、コーヒーにパンとフルーツ。お昼はしっかり摂り、夜はヨーグルト程度。料理も油を使ったものが多いです。たまに友だちと外食をするのが楽しみのようで、私の本も何店舗かで別々に購入し、皆さんに差し上げて

います（書店さんの数が減ったので大変なのですが、ありがたいことです。）。

健康チェックも欠かさずしています。たまたま近所に大学病院があるため、通院していたのですが、最近は患者数が増えたため、医師から近所の開業医を紹介されたそうです。そこでもまた待ち時間に友だちを作ってはランチを楽しんでいます。

介護保険も支払う一方で使ったことがないので、ギックリ腰で使おうかと申請したところ「ギックリ腰は、一時的なもので治る病気なので、対象外」と断られたそうです。

義母は「ピン・シャン・コロリ！」を目標に今日も元気に周囲を明るく笑わせています。

私の掛けている薄紫のマフラーは、息子からのプレゼント。姑のかけている紫のマフラーは、私が姑に送ったものです。

　嫁は女が家に居ませんから、嫁ではありませんし、姑も女が古くないので姑とは言えません。

嫁「お母さんの生きた時代は、どんな時代だったの？」

姑「戦争の真ん中に住んでいたって感じだね」

嫁「戦争のこと、覚えている？」

姑「昭和16年12月8日。父親と二人で酉の市に出かけていて、ラジオで日本が宣戦布告、太平洋戦争（大東亜戦争）に入ると聴いて、慌てて家に帰ったことは覚えている。そういえば、国が鉄瓶とか長火鉢とか金物を集め出したので、おかしいと言っていたような気がする」

嫁「日常生活は？」

姑「昭和16年4月1日から、これまでの尋常高等小学校が国民学校に代わり、私は試験を受けて私立の女学校に通っていたんだけど、授業といえば、芋掘りにバケツリレーやなぎなたばかり。芋ばかり食べて

いちゃ、力だって入らないよね！こんなことが何の役に立つのかと思っていた。家に帰れば、かっぽうぎ姿の国防婦人団の人が訪ねて来ては、千人針（白のさらしの布を二つに折ったものに黒い点が書かれていて、そこに日の丸を表わす意味で、赤糸で一針ずつ、千人の人が結び目を作っていく。一人一針が決まりだが、虎は強く千里を行くから縁起が良いとされ、寅年の人だけ、10針が許された。その千人針を出征して行く兵隊が腹に巻くと弾に当たらないとされていた。）を縫ったっけ。出征が決まると、お米のない中、お赤飯を炊いてはお祝いし『万歳！、万歳！』とまるでお祭り騒ぎだったけど、親はどんな気持ちでわが子を送り出したんだろうね？徴兵制度があって、18歳で徴兵検査、20歳で出征して行ったのだから。一生懸命、育てた我が子を戦場に送り出すために育てる親なんていないよね？」

「日常生活も、どんどん緊迫していった……銃弾にするために、長火鉢とか鉄びんとか鉄でできているものは全て没収。」

「東京の王子にいる叔母がガンになり、世話をするために王子に行くことになってね（昭和17年4月）。叔母に子どもがいなかったので、私を娘のように可愛がってくれてタイプを習いに日本橋のタイピスト女学校まで、何回も何回も電車やバスを乗り継いで行ったっけ。

　王子の製紙工場が爆撃され、叔母と夢中で防空壕に飛び込んだんだけど、怖くて腰が抜けた感じがした。地震の最中に火の玉が上から降って来るようなもので、体験した者にしか分からないよ。東京大空襲 B25 が、東京を焼け野原にしてしまった。」

「しばらくして叔母が亡くなり、熊谷に戻ったけど、ここも酷かったね。リヤカーで移動する人たちで、ごった返していた。熊谷には本町から熊谷の真ん中を流れる星川という雄大で綺麗な川があるんだけど、その川が爆弾を落とされ、逃げ回る人たちでいっぱいになり、遺体と真っ赤な血で染まった。新聞記者がその無残さを写真に収めようと集まって来たけど、市の職員が写させなかったね。」

「家は農家だったから、多少は食糧もあったけれど、ニワトリだって食べるために飼っていたんだからねぇ〜。人間がさざんかを刻んで味噌汁に入れて食べているのに、ニワトリも同じものを食べているから、可愛がられているのかと思えば、卵を産んでもらうためだったんだよ。新聞も届かなくなったし、配給制になって、砂糖も少し、さんまも1週間に2本だけ。尻尾をおじやに入れて食べていたけど、こういう粗食に耐えた人が長生きしているんだから、世の中、皮肉だよね？」

嫁「大国と戦って、勝てると思っていたのかなぁ〜？」

姑「日本人は、頭が良いから、作戦勝ちすると思っていたんだろうね？
　それに国民は、戦地の本当のことは知らされていなかったから……勝った、勝ったとラジオで聴く度に、ちょうちん行列していたもの。硫黄島で亡くなられた方々も玉砕(無価値な屍となって生きるより、いさぎよく玉のごとく砕ける。捕虜となるよりは、戦死を覚悟して全員力を尽くして敵に当たること)だったけど、そういうふうに洗脳教育されていたんだよね？」

「つくづく勝手だと思うよ。お国のため、お国のためと国民の命も財産も一瞬にして奪っておいて、終戦後は戦争のことを話したら、"戦犯扱い"されると洗脳するのだから……熊谷が全滅したのは終戦の前日、昭和20年8月14日だった。いまのように銀行ローンなんてなかったから、家もコツコツお金を貯めて建てたんだよね。苦労して守ってきた田畑も小作に引き渡せと命令された。」

「昭和20年8月15日、天皇陛下の玉音放送がラジオから流れると、皆、イスラム教の信者ように跪き、額を床に付けお言葉を聞いた。日本が負けたと聞かされ、誰もが号泣し口ぐちに『神風(神国の危難を救うために吹くという風)が吹いていたのではなかったのか?』とやり場のない気持ちをラジオにぶつけていたっけ。でも勝てるわけがないよね。兵器もない、お金もない、食糧もないんだから。学校の先生の紹介で、友だちと一緒に雑貨やさんでアルバイトした時、アメリカ兵が立ち寄って、チョコレートをくれたの。初めは気味が悪くて食べなかった。しばらくして、おそるおそる開けて、銀紙を剥がし一口食べてみると、美味しいのなんのって!こんな美味しいものを食べながら、戦争している国と戦っ

て勝てるはずがないと思った。

嫁「お父さんとの出会いは？」

姑「男の人は戦争に取られ、女の人ばかりが残っていたの。だから親は少しでも早く娘を嫁がせ、安定した生活を送らせてやりたかったんだろうね？私も本当は4月2日生まれだったんだけど、親が少しでも若いうちにと3月28日を出生日として、届けを出したって。世話役さんの紹介で、お父さんと見合いして、出会って3回目で結婚。戦争の話は一切しなかったね。ロシアから隠れるようにして帰ってきたらしい。『天皇陛下、万歳』といって死ねなかったことへの申し訳なさ。仲間が死んでいく中で、自分だけ生き残ってしまった罪悪感。とにかく、毛布一枚で帰って来たと。それも宛がわれたものではなく、屍に詫びながら、手にした毛布だったみたい。」

義父（満州にて）

嫁「もっと長生きしていただきたかったよね」

姑「戦地の無理が祟ったのだろうね？後から聞いた話だけど、中国でマラリアに罹り、その身体でシベリアに送られたというから……」

「お父さんが亡くなってから、お父さんのことが知りたくなって調べたんだけれど、国という壁が立ちはだかり、それ以上は分からなかった。56連隊だったということ。その連帯は中国からシベリアに送られたという所までしかね……」（アメリカは、戦争を含め何が失敗の原因かを徹底分析し、資料を保管しているけど、日本は「臭いものには蓋をしろ」で資料を処分していた。）

嫁「どうして？」

姑「戦争に負けたからね。それに56連隊で、生き残った方が生存していらっしゃるだろうし……」

嫁「そんな辛い体験をしたのに、どうして前向きに生きられるの？」

姑「後ろを振り返りたくないから、前だけを見て生きてきたの。ここまで生きられるとは思わなかったけどね！死ぬ間際になって、こんな美味しいものが戴けて幸せだよ。」

嫁「健康法は？」

姑「雨降る前日は、節々が痛くなるから分かるけど、痛いからって休んでいたら、動けなくなっちゃうからね！我慢して、近くのコンビニまで歩くの。途中で誰かと会って、立ち話して笑うとストレス解消になるし……、お医者さんに寝たっきりにはなりたくないというと、それだけ動いていたら、長患いはしないって。」

嫁「いまの時代をどう思う？戦争でもないのに、『人が殺してみたかった』なんて異常でしょ？何が原因だと思う？」

姑「教育のせいだろうね。修身・道徳の時間がなくなってから、世の中が変わってしまった気がする。でも歴史は、繰り返されるんだね？戦争や大災害があって、全てを失って、そこから始まる。しばらくは平穏な生活が続き、また忘れかけている頃、次の災いが起きる。姉さん（長女）なんて、関東大震災の時に親がびっくりして産まれちゃったんだから！
　平和な世の中であってほしいね？」

嫁「お母さん、元気で長生きしてね！」

知恵と工夫で生き抜く！

自分の身は、自分で守る！

　私の健康のバロメーターは、バレエのレッスンと食事やお酒が美味しく戴けているか否かです。

　バレエの中島伸欣先生（東京シティ・バレエ団理事）は、生徒の姿勢一つで、その日のコンディションが分かる"お医者様"のような方です。

　病院は病気の宝庫。わざわざそんな危険区域に入り込んで、身体にダメージを与える必要が何処にありましょうか？

　風邪やインフルエンザの流行っている時期は、極力外出を控え、外出の際は、手洗い・うがい・マスクの三点セットです。マスクは、鼻の下にクッションが入ったも

のが良いですよ！脇からの外気をシャットアウトし、メガネも曇りません（乾燥時期は、保湿にもなります。）。

　人混みは避けましょう！入ってしまったら、ゴホンゴホン咳をしている方やハクションとくしゃみを連発している方からは上手に離れましょう。こういう方に限って、マスクをしていないのです。他人にうつすということを意識される方が少ないように思われます。電車は空いている車両に乗りましょう。トイレ等の扉も人が触れないであろう箇所を開閉に使うのです。触れてしまったら、その手を口に持っていかないことです。これだけ気を付けただけでもかなり違います。

　良く「インフルエンザのワクチンを打ったから大丈夫！」と出歩く方がいらっしゃいますが、ワクチンを打ったからといって、インフルエンザにかからない訳ではありません。かかった場合、比較的軽くて済む程度のものです。それも同じ型のインフルエンザのみに有効なだけで、他のインフルエンザには全く効果がありません。飲食店で生ものを扱う方等は、特に気を配って戴きたいですね。

　私は一回もワクチンを打ったことがありませんが、インフルエンザにかかったことはありません。わざわざ菌を入れるなんて怖いじゃありませんか。ワクチンの入荷が少ないなんて報じられるとわれ先に病院に駆けつけま

すが、ワクチンを打って戴く前にインフルエンザをもらって来てしまうケースだってあると思います。タミフルで幻覚が出たり、薬剤には必ずデメリットが伴うことを忘れてはいけません。

　NHKの「クローズアップ現代」という番組で、依存性がある薬を公開したことがありました。「このままでは、日本国民の大半が廃人になってしまう」と心療内科の医師団が、厚生労働省に問題のある薬の販売停止を訴えましたが、認められませんでした。製薬会社との絡みがあるからでしょう。結局、問題意識を持った医師たちが独自に薬の代わりになる診療をしていると紹介されていました。

　驚くべきことは、普段、我われが飲用している風邪薬等も依存性があり、害になるということです。実際、私も予防を含め風邪薬を飲用していた時期がありますが、ある日、朝シャンプーをしていたところ、突然、目の前が真っ暗になり、完全に意識を失い、気が付いた時には、お風呂場の前面に頭を突っ込んでいたのです。「闘牛じゃないんだから！」と笑ってしまいましたが、さすがにこの時は病院に電話を入れました。直ぐ来院するように受け入れてくださり、脳のMRI検査をして戴きましたが、幸い異常はありませんでした。薬を完全に身体から抜くには、飲用した期間の倍の期間を要するそうです。

それ以来、風邪薬の代わりにプロポリスの飴をなめ、外出は一日置きにするよう心がけています。人にはもともと持っている生きる力があるといわれます。その生きる力が阻害されて病気になる訳ですから、免疫力をアップすれば良いのです。プロポリスは抗菌作用があることから、ヴァイオリンの名器ストラリヴァリウスにも使用されているそうですよ。

　風邪は万病のもと！風邪ぐらいと軽くみず、悪化させないように身体を温め労ってあげてください。優しくしてあげれば、まだまだ働いてくれますよ。

耳より情報

　子どもがインフルエンザにかかる率が高いのは、口で呼吸しているからだそうです。小さいお子さんほど口を開けていますよね？確かに菌が直接、喉に入ってしまいます。

　ある県で、「あいうべ体操」（口を大きく開けて、あ・い・う・べぇ〜と舌を目一杯出す）を続けて園児にさせたところ、その園ではインフルエンザにかからなくなったそうです。

　いまは大人たちが美観からか、鼻毛を抜いてしまう傾向にありますが、体毛も身を守ってくれる大切な"武器"なんですがねぇ〜？

いまを上手に生きる"術"！

　いま日本に大災害が起きれば、世界一"最貧国"になるであろうと囁かれている昨今、国内においては、少子高齢化、格差の広がり、医療費の値上がり等、不透明な時代が行く手を遮ります。

　そんな中、幸せだったと思える人生にするには、まずはどういう時代に生きているのか、現実を知ることです。

　今年、93歳を迎えた姑に寄り添い、頼り、頼られながら垣間見た社会こそが現実であり、生き方を左右する重要なキーポイントだと思うのです。

　平成30年(2018年)3月、姑は脳梗塞で倒れました。

　34歳で夫と死別。以来、残された子ども二人を育て成人させ、これからは自分の人生だと、友だちと定期検診の後に、ランチをしたり、買い物を楽しんだり、読書をしたりして、一人暮らしを満喫していました。良く人に、「一人で寂しくないですか」とか、「一人で良くやってこられましたね？」と聞かれるけど、一人だから、寝たい時に寝て、起きたい時に起きて、ストレスも溜めずやってこられたのだと言います。

　考え方も現実主義で、私が「息子夫婦は、子どもを彼女の実家に預けっ放しだ」と不平を洩らすと、「責任を

負うこともなく、良いパターンだ」というのです。

　普段は、会わないのに子どもの成長に伴い、両家が揃って記念撮影したがるというと「いま時、そんなことしないよ！」と笑い飛ばされました。

　まぁ～そんなわけで、ともすればストレスの溜まる義理の関係も姑の"一撃"で、パッと吹っ切れ、自分の人生を楽しむことに徹し切れるのです。

　電話では、1、2時間、情報交換をしたり、健康の極秘を話し合います。

　いつものように、電話をかけるとお話し中です。友だちに先を越されたかとしばらく待って、再度、挑戦しますが、何度かけてもお話し中です。受話器が外れているのかとNTTの故障係にお願いして、シグナルを送ってもらいましたが、駄目です。ふっと胸騒ぎがしました。義母が仲良くしているご近所の方にお願いして見に行って戴きました。

　「今晩は、寒いので明日、大学病院に連れ添います。結果をお知らせします」と。

　翌朝、病院から電話が入り、MRIの結果、脳梗塞だと告げられたのです。

　私は、取る物も取らず、病院に駆けつけました。ナースステーションの前の緊急用の病室に移された所でした。元気一杯だった義母が、小さく見えました。

医師は、脳の画像を見せながら、血管の詰まっている箇所を指差します。「万全を期しますが、ご高齢ということもありますので、いつでも連絡が付くようにしておいてください」と。

　それからは、どこにいても何をしていても、気の休まることはありませんでした。携帯電話が鳴る度に、ドキッとします。

　夫が地方に単身赴任していたため、私は義妹と連絡を取り合い、病状を見守っていきました。病院は、完璧です。4人の医師、看護師、介護士、リハビリ担当、栄養士が一丸となって、患者一人一人を診ていきます。

　患者がベットから落ちないように、センサーが付けられ、寝がえりをしただけで、ナースステーションにランプが付き、看護師さんが飛んで来てくれるのです。ベットの下には、マットが敷かれていました。内心、ここまでして戴き、駄目なら……と思いました。パジャマ、下着、紙オムツ等、全てリースですから、患者に寄り添う事だけに専念できます。紙オムツには抵抗があったようですが、私が「中国のトイレのない所では、私も紙オムツをはいていたけど、温かくて良いですよ」というと、あっさり頷いてくれました。

　家族の誰しもが、覚悟していたのですが、ところがところが、93歳の姑は、見る見るうちに元気になり、見事、

復帰を果たしたのです。「これだけ医療が進んでいるのなら、気の強さを押さえる薬はないだろうか？」と冗談が出るほどでした。

　ただ、環境が変わったせいか、夜中に排便できず、七転八倒したことから、介護はプロでなければと感じたようです。自宅は、2階にお風呂があるタイプで、事故防止を考えても施設の方が長生きできると考えたのでしょう。

　「特別養護老人ホームは、入所金が高いかねぇ〜？」と早くも先の先を考えていたようです。

三ヵ月の病院生活

　日進月歩の医療現場で、姑は見事復活を果たし、病院生活を楽しめるまでになりました。

　緊急用の病室から、一般病棟に移る際も、新館と旧館では料金が違うのですが、義母が、差額ベット代の5,000円の内、4,600円は、郵便局の生命保険の特約で賄えるから、新館が良いというのです。

　本人の希望通り、新館の4人部屋に移りました。確かに旧館より明るく窓から見る景色も良く、視界が広がります。4人部屋といっても常時4人が入っているわけではないので、出入りによっては個室になることも。

　電話でコミュニケーションを図っていた姑は、早速、携帯電話を希望。ご時世で、殆どの患者が持っているのです。初めて持つ携帯電話に、義母は大興奮。夫が簡単にかけられるようにと、番号で相手先に繋がるように設定しました。何故か私が1番。大当たり！病院を出ると先ずは、1回目が私に。無論、用などないのです。繋がるかどうか試してみたというのです。それが、1日に10回も……。夫を"恨み"ました。何故、私が1番なのか？と。

　自己中心型の姑は、さぞかし病院内でご迷惑をおかけしているのだろうと、面会に行く際は、平身低頭。45

度の姿勢で伺いますが、何と姑は、病院内の"人気者！"。看護師さんたちからもセカンドネームで呼ばれているではありませんか？おまけに、同室の患者さんたちからは"お姉さん"と呼ばれ、慕われているのです。病棟が脳神経内科ですから、精神面が病状を左右することもあり、同室に頼れる患者がいることは、励みになるようです。姑に手を引かれ、売店に買い物に行ったり、身の上相談にものってあげたり……。失意のどん底にいた患者さんたちは、見る見るうちに元気になり、退院していきます。さすがは、93歳の年輪。本人もこの"牢名主"のような生活に満足していたようです。

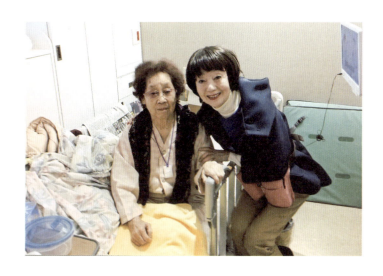

　家族としても24時間体制の安全な場所で、本人が満

足しているわけですから、願ったり適ったりです。入院費が総額いくらになるかも気になる所ではありますが、まぁ〜最期を笑顔で送り出したいという願いもあり、日常の生活を切り詰めることにしました。

　入院当初の担当医からは、次の落ち着き先が見つかるまで入院していて構わないと言われていましたので、こちらものんびりしていたわけですが、当時の担当医が二人共、退職されたことで、病院内の風向きが変わった気がしました。

　特に３ヵ月目に突入した頃から、病院内にある患者向け相談室から、再三の退院の催促。パンフレットが郵送され、一先ず系列病院に転院して、特別養護老人ホームの空きを待って欲しいというのです。ご丁寧に系列病院の受け入れは、出来ていると。一日も早く、系列病院に面接に行って欲しいと半ば強制的でした。しかし生憎、大型連休ということもあり、系列病院の方がやっていません。

　その間に、必死で受け入れてくれる施設を探しました。

　ただ特別養護老人ホームの入所は、待機児童ならぬ"待機老人"で、いくら希望しても、おいそれと入所できる訳ではありません。中には、800人待ちなんていう所もありました。申請者の中には、申し込みだけという人もいるそうですが、順位は雲を掴むようなものです。

ただ待っているだけでは駄目で、入居したい施設には、家族が"お百度参り"して、熱意をアピールするのだと。

特別養護老人ホームの入居条件は、介護度が3以上。それに満たない場合は、軽度用に自立支援型とホームステイ（ショートステイ）型とに分かれます。各施設によって違いますが、例えば自立支援型は、自分で買い物に行って料理ができる事を条件にしている所もありました。何れも入所期間は、3ヵ月程度。施設を転々とし、介護度が3以上になった所で、長期滞在できる特別養護老人ホームに移るのです。よく「やっと特養に入れたので、仕事に復帰します」といった声を耳にしますが、仕組みが分かったような気がしました。

その事を義母に説明すると「今さら、買い物に行って自分で作るなんて面倒だ」と。かといって、3ヵ月各施設を転々とするのも落ち着かないと自分の意思をはっきり伝えてくれるので、こちらが勝手にそんたく（他人の心をおしはかる）し、後で本人の希望と違ったなどと気まずい関係にならずに済み、助かります。

実は、病院を3ヵ月で追い出される事も、同室の退院患者からの情報で、私より遥か前に知っていたのです。道理で「施設が見つからないのなら、こちらで聞いてみようか？」と言っていました。

病院側からすれば経営上、大した治療もせず、長居さ

れては割に合わない訳です。

　"捨てる神あれば、拾う神あり"。お尻に火が付き始めた、丁度その時、兼ねてから義母の病状を相談していた友人の看護師から「引き受けてくれるかも知れない」と連絡があったのです。

　藁をも掴む思いで、早速、見学に行きました。少し遠いもののこの際、贅沢は言っていられません。施設の中は、病状によって軽度と重度に分かれています。見学は、軽度から重度の病棟に移りましたが、患者さんを見ても皆、笑顔で、何故、重度なのか分かりません。

　伺ってみると、昼間は殆ど差がないのですが、重度の方は夜になると分からなくなり、徘徊します。他所の病室に入って行かれると寝ている患者さんがびっくりされるので、軽度と重度で病棟を分けています。

　ナースステーションの前に、幾つかのベットが並べられており、患者が徘徊や暴れだした場合、スタッフ全員が分かる形で拘束する時もあるそうです。

　施設そのものは、明るく窓からは富士山が見え、隣は子ども収容の施設なので、日中は遊び回る子どもたちの声が聞こえ、アットホームな感じです。入口には、ワンちゃんもいて犬好きの人には、堪りません。廊下の幅もかなり広く取ってあるため、非常時の誘導にも楽だと思います。

お風呂場も「ゆ」と書かれたのれんがかけられていて、温かみを感じました。義母が好きな美容室もあります。庭には、季節の花が咲き乱れ、植木を丹精に育てていた義母には、堪らないでしょう。私は一刻も早く義母に見せたくて、了解を得て、たくさん写メに収めました。

　夜になっていましたが、その足で私は、義母の入院先に。はやる気持ちを抑え、撮ってきた写真を順番に見せました。義母も喜んでくれ、私も一安心。「こんなに良い所じゃ、入所金が高いんだろうね？」と聞くので、入所金はいらないし、申請すれば特典もあるようだと告げるとほっとしたようです。

　しかし、日本という国は働き詰めで定年を迎え、税金もたくさん納め、93歳になっても介護保険料を払わされ、挙句の果てに施設にも簡単に入れず、僅かな年金で余生を送らなければならないって一体、どういう国なのでしょう？

　共産圏が良いとは言いませんが、私が住んだロシアでも、貧富の差はあるもののその人なりの保障は受けられていました。スウェーデンは、医療費・大学・給食費は無償だそうです。いくら税金が高くても、それなりの保障が得られれば、国民も納得しますが、いまの日本の体制では、安心して年を重ねることもできません。

　93歳の義母が安らかな気持ちで余生を送ってもらう

には、居心地の良い場所、その中での楽しみを見つけ、なるべく外出し家族や友だちと接することだと思いました。
　病院内でも、友だちを作り快適な入院生活を送り、3ヵ月はあっという間でした。

びっくり仰天する出来事！

　退院の日、入院費を支払うために義母の取引先の銀行に電話を入れ、息子（夫）が代理で下ろしに行く旨を伝えると、まず親子である証明、本人を連れて来ること。金額によっては、警察官が立ち会うというのです。高齢者の場合は、ATMでも1回で下ろせる金額は5万円程度。
　高齢者とひとくくりに言っても、痴ほうの人もいれば、義母のように93歳でも頭のクリアの人もいます。
　振り込め詐欺予防のために慎重になるのは分かりますが、その対応には異常なものを感じました。
　93歳の患者を窓口に呼び、狭いカウンターに家族3人が座り、たくさんの書類を書かされ、やっと入院費を下ろせると思いきや、最終判断は警察がするというのです。予め呼んでいたのでしょう。直ぐに交番の警察官が寄って来ました。いきなり「ここまで、どうやって来たの？」と。夫が「自分の車で来ました」と答えると「その車、何処に止めてある？」。私が「銀行の前のガソリンスタンドで洗車しています」というと「ちょっと待ってて！」と言い、ガソリンスタンドに確かめに行きました。何事が起きたのかと首を傾げていると警察官が戻って来て、今度は銀行に書かされた書類に目を通し、本署の刑事課に

電話をかけ、現状を説明して指示を仰ぎます。周囲の顧客の目は、一斉に我われ家族に向きました。「万引き家族」（平成30年公開の日本映画）と間違えられたのでしょうか？

　私が「まるで、犯人扱いですね？」というと「そうです」ときっぱり言い切るではありませんか？人ごとのように思っていた「冤罪」は、こうして生まれるのだと実感しました。

　サービス業でもある銀行は、店内で揉められては困ると思ったのでしょう。「奥へどうぞ」と。それなら初めから、その場所に通してよ！と心の中で、叫んでいました。

　警察官は「で、いくら必要なんですか？」「入院費用が、いくらだという書面を見せてください」……と立て続けに質問攻めにした所で、今度はその内容を本署の刑事課に電話で聞き、その刑事課の刑事が、更に上司に聞く。つまり、三段階を踏んで聞き、三段階を踏んで答えが返ってくるのです。

　再度、元のカウンターに戻され、いざ引き落としとなりましたが、銀行は警察の指示によりと希望金額の4分の1の金額しか下ろせませんでした。警察にそこまでの権利があるのでしょうか？横にいた姑が、キレました。「私は、警察に不信感を抱きました」と警察官を睨み、私に「ごめんね！もっと早く下ろしていれば、こんな事

にならなかった」と涙ぐむのです。

　銀行に入った時間が、午前10時半。不愉快な銀行を後にしたのは、午後1時でした。私たちの次の女性は、リフォーム代を下ろしに来たようですが、銀行の対応に腹を立て「詐欺に遭おうが構わないので、早く下ろして頂戴！」と叫んでいます。そこにまたスーっと同じ警察官が寄って来て、女性は奥の部屋に消えて行きました。

　93歳の義母を、3時間、水分補給もさせず拘束し、万が一のことがあれば、一体、誰が責任を取るのでしょう。銀行側は、個人の財産を守るため致し方ないと言いますが、命の重さよりお金を重視する現代社会。我われは、そんな大変な時代に生きているのだと知らされました。

　病院の入退院事務所に行くと「警察から、入院費に対する問い合わせがありましたが、個人情報ですのでお答えできませんと言いました」と。

介護は、大勢で!

　人間が壊れていく姿を見るのは、残酷なものです。それが身内となれば、尚更です。元気だった親の姿が脳裏から離れず、どうしてこんな事ができないのか？とつい怒ってしまいます。

　介護に携わるプロの方々を拝見し、学びました。食べものを夢中で頬張る患者を前に笑顔で「一回、スプーンをおきましょう。そして、いまお口に入っているものを呑み込んだら、またスプーンを持ちましょう」と。

　特に複雑な現代社会においては、良かれと思ってしたことが、逆に取られ、後見人が入ったり、親族同士が揉めたりすることもあります。

　振り込め詐欺や高齢者を狙ってのアポ電強盗、殺人……。

　人が人を信じられない時代に突入しているのです。

　ネット上の情報ではない、生の声に耳を傾け、一人で何もかもやろうと頑張り過ぎない事だと思います。

　友人は、母親に家庭裁判所が、後見人と弁護士を付け、介護にかかる必要経費目録をその都度作り、家庭裁判所に見てもらいに通ったそうです。

　金融機関に預けてそのままになっているお金は、何

百億とも何千億とも言われています。どうせ寝かせておくお金なら、国が有効利用しようと"睡眠貯金"に注目しています。

　金融機関によって差があるようですが、5年10年と通帳の出し入れがないと取引ができなくなることもあるそうです。記帳だけでは駄目で、実際に現金の移動があるか否か。転居した際が要注意で、金融機関が取引停止の案内を出したが、その知らせが戻ってきてしまった場合、取引ができなくなります。

　93歳の義母を見て思うのは、自分の意思がはっきりしていて、この年の3月、つまり脳梗塞で倒れる寸前まで、バスに乗って確定申告をしていたバイタリティーです。自分でするから世の中の動きも分かり、身を守る術も身に着くのでしょう。介護されていたのは私の方かも知れません。

老前リフォームにエコポイント！

　老後の生活を快適にするためには、まずいまの生活空間が高齢者にとって安全・健康的かをチェックすることからスタートです。

　老後を現在の住まいで暮らしたいと希望する人が6割いることから、行政も「地域包括ケア」に力を入れていますが、何といっても主役はご本人。

　その"舞台"となるべくご自宅に満足されていますか？日の当たり・段差・導線（動きやすいか否か）等々、不安を感じられるようでしたら、健康なうちに無理のない程度のリフォームをお勧めします。

　その際、エコポイントを上手に利用するとかなり格安なリフォームがでることを知っておきましょう！　エコポイントを利用するには、エコにつながる工事内容を探せば良いのです。例えば、暗かった住まいに太陽が入ることで、電気を使用する時間が節約できたとか……。

　しかし何といっても、そこで生活する人や周囲の人間関係が一番のポイントであり、ハード面に即した「人間関係のリフォーム」を築いておくことが必要不可欠でしょう。

マイナンバー

　平成28年(2016年)1月から突然、導入されることになった「マイナンバー」制度。

　ネーミングはいかにも個人を尊重しているかのような響きですが、要は、国民一人一人に背番号を付け、その管理を国がするというものです。

　いままでは、行政単位で行っていましたが、区市町村だけだと個人が転居した場合、転居先までは追うことができませんでした。国単位になれば、何処へ行こうが簡単に個人を特定することができます。

　目的は、①社会保障（年金・医療・労働・福祉）　②税金　③災害対策等の面倒な手続きを省略するため。

　例えば、個人が年金を申請する場合、これまでは各区市町村に住民票・所得証明書を取りに行き、それを持って年金事務所に申請していましたが、マイナンバー制度により、個人が直接、年金事務所に申請することができるわけです。年金事務所は、番号から個人情報が分かりますし、簡略化することで、個人の負担も軽減されます。

　通知カードには、

個人番号
氏名　　　個人番号＋名前（花子）
住所
生年月日
性別
発行日

が記載されます。

　個人番号は、車のナンバープレートのように選べません。

　マイナンバーを銀行とリンクすれば、個人の資産が全て分かり、脱税・不正受給をチェックすることができ、医療とリンクすれば、過去の健康データを使って保健指導ができるというのですが、我われ国民は国という体制の中では"スッポンポンの丸裸"だということです。

　マイナンバー制度は、アメリカの「ソーシャル・セキュリティー・ナンバー」（社会保障番号制度）に匹敵します。
　このソーシャル・セキュリティー・ナンバーは、筆者も持っています。というかアメリカで生活する以上、強

制的に取らされるのです。

　申請用紙を見て驚いたのは、初っ端から「お前は、白か黒か黄色か？」。

　私は色白なので、白かと思いましたが、黄色なんですよね？

　生活が始まってみると、正にこの順番通りでした。白人が一番で、白人が黒人をバカにし、黒人が黄色人種をバカにするのです。民主主義なんてとんでもない！学校の校長に黒人を起用するのだって「アメリカは自由で平等な国ですよ〜」とアピールしているだけです。

　多民族の超大国においては、犯罪も多いことから国民を国が把握する意味でこのソーシャル・セキュリティー・ナンバーも致し方ないかと思うのですが、当然のことながらリスクも伴います。ある青年が成人した時、既に何億円かの借金が課せられていたというのです。本人の知らない間に、この青年のソーシャル・セキュリティー・ナンバーを悪用して第三者がお金を運用していたのです。

　こういった際の保障を何処が持つのか？この辺もしっかり取り決めた上で、マイナンバー制度を活用して頂きたいと思います。簡単に「国が保障します」といったって、どうせ国民の税金なのですから……。

道路交通法改正

　高齢者による交通事故を防ぐため、警視庁は75歳以上のドライバーが対象となっている認知機能検査で認知症の疑いがある場合は、医師の診断書の提出を義務付ける方針を固めました。

　平成29年(2017年)3月12日スタートしました75歳以上を対象とした道路交通法改正案の概要は次のとおりです。

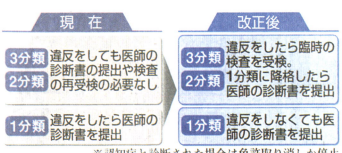

※認知症と診断された場合は免許取り消しか停止

　これ以外でも、気温の変化に身体がついていけずに起こす交通事故も多発しています。過信せず、その日の体調を敏感に受け入れ、無理な運転はしないことです。

身の危険を感じたことがありますか？
どんな時？

　街中を歩いていると、音なしの車がスーッと身体スレスレの所まで近寄って来ていたり、自転車が凄いスピードで通り抜けたり、スマホに夢中になっている人とぶつかりそうになったり……ヒャッとした経験は、何方もおありだと思います。でもそれが死と直結するとは考えらないでしょう。

　平和な日本においては、命を奪われるなんて予想だにできなくても当然です。

　でも日本を一歩出れば、世界中には50以上の国が戦争をしています。

　2015年、イスラム教スンニ派過激組織「イスラム国」で拘束された湯川遥菜さん（当時42）と後藤健二さん（当時47）。後藤健二さんとは以前、友人宅でお会いし、戦場取材に対する熱い思いといかなる場においても弱者に寄り添う正義感が、初対面の私にもヒシヒシと伝わってきました。お子さんも生まれ、テレビ局からの依頼も多かったということですから、張り切って勇み足になっていたのかもしれません。普段は、慎重でテレビ局の依頼であっても「ここから先は、危険ですから引き返しま

しょう」と判断を間違えない方だったとも聞いていただけに、残念でなりません。「私に何があっても、それは私自身の責任です……」と流されたメッセージも彼の心情でしょう。しかし彼は日本人であることを忘れていました。アメリカなら、テロには絶対に屈しないという姿勢で、仮に人質が殺されても、誰も大統領の判断が間違っていたと責めないでしょう。それがアメリカ国民なのです。でも日本においては、日本人の国民感情がそれを許さないでしょう。

この人質事件は、決して特別のことではなく、これから益々増えると思います。海外旅行を楽しんでいて、いつテロに巻き込まれるか分からないのです。その時にいくら自己責任でといっても、自分だけでは責任がとれないということを我われは肝に銘じなければなりません。

筆者も1984年、ホメイニ政権の時に新聞記者の夫とイランに行きました。そこでまず大使夫人にいわれた言葉は「とにかく何があっても逆らわないでください。大使だって、飛行場で靴を脱がされるのですから……」。実際、日本人の女性大使館員が拘束され「日本大使館に連絡しろ！」と相手の要求に屈しなかったため、帰された時には、顔は腫れ上がり赤紫だったといいます。

当時、毎日新聞の鳥越俊太郎さんもご一緒で、シラーズ・イスファハンと移動した際、飛行場で筆者だけが拘

テヘランでは「女の友情」を噛みしめる。
女性は皆、ルサリーで頭をおおうのが習慣。(左から二番目が筆者)

束され、身体検査を受けました。取り調べ官は、売春婦をしていたとかで、女性の弱点を知っていて、以前にタンポン（女性用生理用品）を引き抜かれた女性もいたそうです。筆者も銃を突き付けられ、調べられましたが、何も所持していなかったので、無事、夫たちの元に戻れましたが、理屈など全く通じないのです。

その後、1991年（旧ソ連時代）にモスクワ特派員の夫と当時、生後7ヵ月の一人息子とモスクワ市内・環状線沿いのサドーボ・サマチョウチナヤという所で生活しました。入国直後、夫との約束は「モスクワ川に我われどちらかの死体が浮かんだら、遺された者が書きまくろう！」というものでした。前特派員夫人は「誰も書かなかったソ連」という本を執筆し、ベストセラーにはなり

ましたが、帰国間近に旅行し帰宅して急死しました。勿論、部屋は盗聴され、車で出かけようとすれば、タイヤ4本がパンクしていたこともあります。

家の前の環状線を後に何百台という戦車がけたたましい轟音をたて走ることになるなんて、想像もしていませんでした。息子の「おかあさん、せんそうがおうちにくるよ！」といった言葉は、いまも忘れられません。チェルノブイリ原発事故が起きたのもこの頃です。当初、旧ソ連政府は隠していましたが、2日後にスウェーデンの放射性物質を計る探知機に反応したことで、世界中に真実が伝えられることになりました。

1991年8月に起きたクーデターの際は、筆者が勤務していたモスクワ放送が占拠され、命からがら放送した経緯があります。8両の戦車に囲まれ、ゴルバチョフのゴの字でも言おうものなら、ガリッという雑音で掻き消され、喉はカラカラ、手の平は汗びっしょりで、つくづく人間は無力だと思い知らされました。これが筆者が危機管理に芽生えたきっかけです。

同年、12月25日クリスマスの日、粉雪舞うクレムリンで70年間掲げられた真っ赤なソ連旗が一瞬にして引き落とされ、緩やかに誇らしげに三色の新生ロシア旗が昇って行くのを固唾を呑んで見守った日本人家族は、我われだけです。僅か35秒のドラマでした。世の中に「絶

対」という二文字が存在しないことを身を持って知らされました。夫は「ソ連、共産党独裁を放棄へ」のスクープで、日本新聞協会賞をまた一連のソ連、東欧報道を評価され、ボーン上田賞を受賞しました。

当時、共に苦労した外交官が、いまは作家となった佐藤優さんです。

海外に出なくても、ある日、突然、姿が消える失踪者は、いまや300人を超えるといわれています。北朝鮮拉致事件も決して他人事ではありません。横田早紀江さんとお会いした時も同じ母として、胸が張り裂けるようでした。何とかできないかと筆者がモスクワ時代に知り合ったロシア国籍の日本人でプーチン大統領ともパイプのある知人に相談したこともありました。北朝鮮は、旧ソ連をモデルに作られた国だからです。ロシア郊外でこっそり、早紀江さんとめぐみちゃんを会わせることができないかと思ったからです。そのことを早紀江さんにお伝えすると「お気持ちは嬉しいのですが、拉致問題はうちの子だけが帰れば良いというものではないのです」と凛とした母の姿勢に感動したものです。

日本国民が事件を他人事と思わず、明日はわが身と感じられれば、相当の自助につながると思います。

日本国は、自国民を守れるのか？

　いつ何処の国の戦争に巻き込まれるか、突然、テロ集団の餌食になるか分かりません。イスラム国の二人の日本人人質事件は、世界中を震撼させました。何故なら、日本は核も保有していない、戦争もしない平和な国だからです。

　ただこの人質事件は、拉致とは全く違います。安全な日本で暮らしていて、突然、拉致されイスラム国に連れて行かれた訳ではありません。北朝鮮に拉致された横田めぐみさんのケースとは異なるのです。

　イスラム国は、テロ集団アルカーイダに張り合ってできた独自の集団で、それを世界にアピールし、新たな国家として認めさせようとしていました。勿論、認められるわけがありません。だから武力行使に出たり、時には子どもたちがこんなに幸せに暮らしているとアピールする映像を世界に向けて発信していたのです。そこに何だか訳の分からない日本人が侵入してきた。とっ捕まえて、理由を聞いても何が目的なのかさっぱり分からない。しかも一人は銃を所持している。この二人を何かに使えないかと考えた。そこに日本の安倍首相が中東を訪問し、反イスラム国に人道支援をするという。このタイミングを逃がす手はないと踏んだのです。ダメモトで法

外な身代金2億ドル（当時約238億円）を吹っ掛けました。彼らは、原油の密売を資金源にしていましたが、そこをアメリカ軍によって空爆され、お金がなかったのです。しかし、金銭目的だけとなると世界中を敵に回してしまう。そこで途中から要求を変更し、ヨルダンに収監されている女性テロリストの釈放と引き換えに日本人の人質を解放すると言ってきたわけです。オレンジ服は、死刑囚の印で、イスラム国にとっては、湯川遥菜さんも後藤健二さんも死刑囚なのです。

でもヨルダンにはイスラム国に拘束されている二人のパイロットがいます。

ヨルダン側は、日本人は救いたいが、自国の国民の命を身捨てるわけにはいかない。また50人も殺害した女死刑囚を釈放するべきではないと意見が分かれました。敵対する当事者が交渉によって「捕虜交換」を行うケースは少なくないようです。

イスラム国のテロ集団は、YouTube等インターネットを使って巧みに自分たちの要求を発信すると共に、世界中の反応を見ます。日本では、女性国会議員二人が安倍首相を批判している。日本は一つではない。安倍首相を挑発すれば内部分裂が起きると踏んだのです。仮に人質を殺しても安倍首相の判断が遅れたから、人質が死ぬ羽目になったとすり替えられます。

卑劣なテロ集団に立ち打ちするには、日本が一つになることです。

何故、日本は一つになれない？

　自国を守り、同盟国と足並みを揃えるには、法律がそれに添ったものでなければなりません。ところが日本の憲法は、太平洋戦争で勝利したアメリカが敗戦国、日本に対して一方的に作ったものなので、当然のことながらアメリカにとって有利にできているわけです。

　その問題の個所が、憲法の第9条です。日本は、自衛権・交戦権を放棄し、軍隊を持たない、戦争はしません。戦いませんというものです。

　何故、この一文を入れたかというと、アメリカは太平洋戦争の引き金となった真珠湾攻撃で、捨て身でかかってくる日本人を恐怖に思ったのです。天皇を神と称え、天皇陛下のためなら命も捨てる、そんな日本人に軍隊を持たせたらいつまた攻撃してくるかも知れないと。ワシントンのスミソニアン博物館に飾られている飛行機一つ見てもそうです。アメリカの飛行機は、パイロットの命を守るために頑丈にできているのに対し、日本の飛行機は軽量で、しかも更に軽くするために行きの燃料しか積んでいません。日の丸の付いたその飛行機は、アメリカ

の頑丈さに比べ、模型のようでした。

　そして「靖国で会おう！」を合言葉に、戦地に散って行ったのです。飛び立つ時は「天皇陛下、万歳！」と叫んだ青年兵士も敵地に突っ込む瞬間は「お母さ〜ん！」だったと聞きます。

　いま憲法第9条を巡って、国内でも論議が白熱化しています。第9条があるから、日本は戦争しないで平和に暮らせてきたのだという朝日新聞・一部の国会議員・僧侶・女優……。第9条を無くせば、また昔のような戦争の時代がやってくる。徴兵制度も復活するだろうと国民を不安にさせます。一方、憲法第9条を無くさなければ、自国も他国も守れないというのが、産経新聞。第9条を翳してテロ集団に通じますか。また同盟国とは、共に相手が窮地に追い込まれた時、助け合える関係になければ信頼関係は成り立たない。第9条通りであれば、アメリカの飛行機が襲撃されてもただ見ているだけで、助けることもできないのです。国民は、この二社を右翼・左翼的新聞と区分けします。そもそもこの右・左という発想は、フランスの議会で意見の対立する者が右と左に分かれて座ったことから始まりました。

　右だろうが左だろうが、間違った報道をし、国民を翻弄させたのであれば、それは素直に謝り、論調を変えるべきです。朝日新聞は、かつて社会主義国を称賛し、北

朝鮮を地上の楽園と宣伝し、そのことばを信じ多くの日本人が北朝鮮に渡りました。今日に至っても、慰安婦問題・南京虐殺と日本人がいかに野蛮だったかを報じ、その度に相手国の要求に応じ政府が賠償金を支払ってきたのです。そもそも戦争は人と人との殺し合い（同族同士が殺し合うのは人間だけだそうです。）、どちらが一方的に悪いということではないと思うのですが、戦争に負けてしまえば、その代償・終結の証として誰かが責任を取らされます。それが東京裁判でした。そこでＡ級戦犯とされた方が靖国神社に祀られていることから、日本の首相が参拝するとなると異常に内外から猛攻撃を受けるわけですが、アメリカのアーリントン墓地にもＡ級戦犯は眠っていますが、大統領は堂々とお参りをします。そして、海軍学校内の教会では戦争で亡くなられた方の御霊が全員帰るまでとの祈りを込めて、その方々のために席を空席にし、白いテープが貼られていました。

　国の考え方はそれぞれですが、日本もそろそろ金銭だけで解決しようとする姿勢を改めるべきだと思います。筆者は、阪神・淡路大震災の時、アメリカのワシントンで生活していたのですが、震災を巡って様々な国の人から批判を受けました。「多くの国が、ボランティアに駆けつけたにも関わらず、それを片っ端から帰してしまったそうではないか？」「大体、お前の国は、世界で何が

起きようが、金も出さない、人も派遣しない」「神戸は、戦争で無理矢理、連れて行かれた韓国人がいるんだぞ！おばあちゃんから聞いたけど、日本人の兵隊に見つからないように、家具の裏にすき間を作って隠れていたのだ。」「お前の国は、戦争で亡くなられた方々に何もしてあげないのか？」……非難ごうごうでした。

　お金も出さないなんて、とんでもない！湾岸戦争では、130億ドルを支払い、人を派遣できないことはあっても、金銭の提供はし続けてきたのです。

　でも世界の日本に対する評価はこの程度のものなのです。それかお金を要求すれば日本人はいくらでも支払うといった見方です。アメリカ・ニューヨークの危機管理対策室では、外国人向けに自国語で説明された防災マニュアルを提供していましたが、日本は寄付したのにも関わらず、日本語のパンフレットはありませんでした。

　東日本大震災の時は、世界から資金が寄せられましたが「次の災害では、援助できない。お金がないから……」ときっぱり宣言した国もありました。

　日本も少子化・高齢化が進み、現在、要介護で施設待ちの介護難民は、52万人。また失業等で、若年性認知症も増えているのです。海外援助も良いのですが、国内外でのバランスの問題ではないでしょうか？

　職にも付けないフリーターや「人を殺してみたかった。

殺人者を尊敬します」等と生きる矛先を何処に向けたら良いか分らない若者が、イスラム国にでも入ったらどうなるのか？真剣に考える時がきていると思います。

　中途半端な人道主義は、世界から軽視され孤立するだけです。しかし日本国民の大半が、憲法第9条があるから戦争が起きない平和な国でいられると錯覚しているとすれば、それは朝日新聞の影響が大だと言わざるを得ません。発行部数最大を誇る朝日新聞は、まず日教組を味方に付けました。教師の大半は、朝日新聞しか読んでいません。つい最近まで、学校の試験問題に同紙の天声人語を使っていたのです。わけの分からない学生は、試験のために朝日新聞を読み、思想的に洗脳されます。その洗脳された子どもが、やがて大人になり結婚し子どもが生まれれば、また子どもを洗脳するでしょう。つまりねずみ講と一緒です。社長が退任しても、体質は変わらないでしょう。

　一方、戦争を楯に金銭を要求すればいくらでも支払う日本を手玉にとった中国は、金ズルは放っておけば良いのですが、その日本がアメリカと組まれるのは困るのです。その現れが日本の首相が訪中した際の主席の態度です。目を逸らし不快感を露わにしたではありませんか。それに対し、同氏はアメリカの大統領には、満面の笑みを浮かべてすり寄っていきました。

中国とアメリカとの共通点は、戦争の歴史を次世代にしっかり受け継いでいるという点です。ポーランド南部でも、アウシュビッツ収容所が解放され、今年（令和元年・2019年）で74年を迎えました。生存者は、辛い体験を次世代に語り継ごうと、自ら立ち上がりました。アウシュビッツ収容所の所長は、大量殺人の罪で死刑になりましたが、その孫が生存者の孫たちと会い、祖父の罪を詫びるのです。初めは怖かったそうです。でもディスカッションしていくうちに「あなたが悪いわけではない」と前向きに平和について語り合えたのです。日本も戦後74年。日本だけです。臭いものには蓋をして、何も無かったかのように毎日を生きている国民は……。日本人が日本人で居続けるために、日本の真の歴史を知ろうではありませんか。

中学社会科教科書で、歴史が変わる！

　日本は敗戦後、他国への配慮から日本の領有権などを声高には主張してきませんでした。しかしそのことが、中国・韓国の思う壺となり、両国が被害国で日本は加害国といったムードが高まっていき、正しい歴史を学んでこなかった我われは、他国の人たちにもしっかりした主張ができなかったのです。また歴代の首相の軽率な発言により、世界からも疑問視される羽目になりました。

　一度、刷り込まれた歴史認識を変えるのは大変なことですが、これまで"ひかえめ"だった領土記述が一変しました。

　新しい教科書には「尖閣・竹島」を日本国有の領土として強調しています。

日本文教出版（歴史）

　日本政府は1905年に閣議決定を行って、竹島を島根県に編入しました。その後、1951年に結ばれたサンフランシスコ平和条約では、日本が放棄する領土の範囲に、竹島は含まれていませんでした。韓国は、これに竹島を加えるよう要望しましたが、アメリカはこれをしりぞけました。しかしその後、韓国の李承晩大統領は「海洋主

権宣言」を行って、水産物などに対して自国の主権を行使する範囲を示したいわゆる「李承晩ライン」を公海上に設定し、そのライン内に竹島を取りこみました。そして、1954年には警備隊を竹島に常駐させるとともに、宿舎や監視所、灯台、接岸施設などを設置しました。日本政府は、韓国のこのような一方的な行為に繰り返し抗議を行いましたが、この問題の平和的手段による解決を図るため、同年、竹島の領有権問題を国際司法裁判所にかけることを韓国側に提案しました。しかし、韓国はこの提案を拒否し、現在にいたっています。

教育出版（地理）

　尖閣諸島は、1895年に沖縄県に編入された日本国有の領土です。第二次世界大戦後には、アメリカ合衆国の施政下に置かれましたが、1971年に沖縄返還協定が結ばれ、翌年日本に復帰しました。尖閣諸島は、アメリカ合衆国の施政下にあった期間を除いて日本が領有し、有効に支配を続けてきました。しかし1970年代から、周辺海域に埋蔵されているとされる資源をめぐり、中国が領有を主張し始めました。近年、中国船が尖閣諸島周辺の日本の領海や接続水域にたびたび侵入する事態が生じ、2012年、日本は島々の大半を国有化しました。

帝国書院（公民）

　日本国有の領土である沖縄県の尖閣諸島は、第二次世

界大戦後アメリカの統治下におかれましたが、沖縄返還とともに日本の領土にもどりました。周辺の海底で石油などの資源が見つかったことで、1970年代以降中国も領有を主張していますが、日本ばかりでなく国際的にも尖閣諸島は日本の領土だと認められています

　東京書籍は地理・歴史・公民の全てで見開き2ページの領土に関する特集を記載しました。竹島や尖閣諸島などについて、日本の領土である根拠と他国の主張の不当性も詳述。

　恥ずかしながら、我が息子も学校教育の中で、「慰安婦問題もあった」と習ってきたそうです。教師が全員、朝日新聞以外読まなかった結果です。加害国としての負い目を背負い、次世代を生きようとしていたのかと思うと、大人としての責任を感じます。

　中学の教科書が「日本国有の領土」と強調したことで、頭の柔軟な中学生が新たな歴史を塗り替えていってくれることを望みます。

※ 2018年度版歴史教科書に明治時代の大逆事件で冤罪により処刑された幸徳秋水の名が記載されることになった。私の祖父・半田幸助はその弁護士であった。

戦争とマスメディア

　戦争の気運が高まりそうになった時、新聞各紙はそれを批判しました。ところが戦争関連の号外を出すと、新聞が飛ぶように売れたのです。各社は挙って特ダネを狙い、スクープ合戦が過熱しました。

　そんな時、軍部から戦争反対の記事を書いた毎日新聞の地方支局を始め、朝日新聞等、東京本社に至るまで圧力がかかったのです。またマスコミ各社が一堂に集められ、戦争は国益に沿った行為だと政府としての見解が発表されました。

　マスメディアは揺れました。しかし、戦争反対を唱えれば圧力で新聞が出せなくなる。新聞社も経営ができなくなれば潰れてしまいます。マスコミ各社の代表が集まり、方針を話し合いました。会社が潰れれば報道どころではなくなる。また国益を考えれば、戦争もやむを得ないと戦争反対報道が賛成報道に一変したわけです。

　当時、国民の"命綱"はラジオでした。その日本放送協会が、放送にナチスドイツのヒットラーの演説が説得力があると、それを真似してアナウンサーにマイクを通して、国民に呼びかけさせたのです。何も知らされていない国民は、右も左も分からないまま、その戦争の気運

に巻き込まれていったのが、開戦の実態です。

　国民を戦地に送り込んでしまったマスメディアの自責の念が、憲法第9条改正に反対、何が何でも戦争反対と過剰な平和主義へと導いていきました。

　もし戦争以前に、圧力に屈しない、また共産主義国に対して一貫して厳しい記事を書き続けてきた産経新聞の存在があったら、どう報道していたでしょう。

　戦う術は、武器だけではありません。

　韓国のセウォル号沈没事故が起きた際、「朴槿恵大統領が何処で誰と会っていたか？」と書かれた地元紙を引用して産経新聞・加藤達也前ソウル支局長の記載したコラムが朴大統領の名誉を著しく傷つけたとし、出国禁止措置を8ヵ月も解除しなかった韓国政府に対して、加藤達也記者、また産経新聞は真っ向から闘ってきました。地元紙に書いた記者は、お構いなしで、何故それを引用した外国人記者が裁かれなければいけないのでしょうか。

　ジャーナリズムとは、いかなる圧力にも屈せず、国民に分かるように真の報道をし続けることだと思います。

　国民もまた、何が真実なのか、周囲の雰囲気に呑まれることなく自分の意思をもつことです。

人間は、何処まで残虐になれるのか？

　同族同士が殺し合いするのは、人間だけです。アウシュビッツ強制収容所解放から74年、日本は太平洋戦争終戦から74年が経ちます。当時の過酷な生活を封印し、ひっそりと生活してきた生存者が、いま少しずつ重い口を開き、後世に何かを伝えようとしています。

　ナチス・ドイツによるホロコースト（ユダヤ人大虐殺）の舞台となったアウシュビッツ強制収容所の中で、何が起きていたのか？大勢のユダヤ人が、まるで家畜のように貨車で運ばれて来て、終着駅の収容所で降ろされると、2本のレールを挟んで、左右に分けられたそうです。直接、ガス室で殺されるか、生きて強制労働か。親子・夫

婦・恋人同士がそこで引き離されるのです。人間の髪の毛で作った布、人間の油で作った石鹸。それは全て、人間の生きた証なのです。

　人間の尊厳も奪われ、残虐極まりない収容所の生活の中で、唯一、優遇されていた人たちがいました。音楽隊の人たちです。"生き地獄"と音楽。実はこれこそが、残虐行為そのものだったのです。楽器のできる者が集められ、音楽隊が結成されました。音楽隊に入れば優遇されると分かって、我先にと希望者が後を断たなかったそうです。選曲は、人々を元気付け、希望を持たせる明るく力強いもの。オペラ蝶々夫人もあったそうです。奏者たちは元気でいてほしいとの願いを込めて一生懸命弾きました。しかしそれが"死の行進曲"だったのです。ガス室に向かう人たちは「こんな素晴らしい音楽が聴けるのだから、きっと居心地の良い部屋に移されるのだろう」と喜んだそうです。自分の奏でる音楽がそんなことのために使われていたと知らされた奏者の一人が、音楽隊を辞めたいと願い出ました。すると返ってきた言葉が「辞めてガス室かこのまま弾き続けるか考えろ！」。奏者たちは、何も考えないように自分自身に言い聞かせ、ひたすら弾き続けたそうです。しかし大勢の人たちがガス室に消えていく中、生きることを選んでしまった自責の念は、一生消すことができません。収容所から解放さ

れても、音楽を聴くことができなくなってしまったのです。一人の女性奏者は「どんなに不当な死でも、無実の死でも、無理やり奪われた死でも、その死には意味がある。一生、心の闇を背負って生きていく」と。

　しかしその後も1975年には、カンボジアのポルポト政権下で、また150万人が犠牲になりました。死と背中合わせで生きざるを得ない国民にとっては、死を選べるか？自分が死ぬより、人を殺すのでは？という不安が付き纏うのです。

　「イスラム国」と名乗るテロ集団は、後藤健二さん、湯川遥菜さんの日本人二人を散々、交渉の道具として使い、挙句のはてに殺害してしまいました。

後藤さんの苦渋の選択。

　「（パスポートと身分証明書のようなものを示し）
　えー、私は、私の名前は、ゴトウ・ケンジ。ジョーゴ・ケンジです。ゴトウ・ケンジ、ジャーナリストです。これからラッカに向かいます。イスラム国、ISISの拠点といわれますけれども、非常に危険なので、何か起こっても、私はシリアの人たちを恨みませんし、どうかこの内戦が早く終わってほしいと願っています。ですから何が起こっても、責任は私自身にあります。

　　どうか、日本の皆さんもシリアの人たちに何も責

任を負わせないでください。よろしくお願いします。まぁ〜必ず生きて戻りますけどね。よろしくお願いします（この後、英語で同様の内容を伝える。）。

「私はケンジ・ゴトウ・ジョーゴ。ハルナ（湯川遥菜さん）が「イスラム国」の地で殺害された写真をごらんになったでしょう。あなたたちは警告された。あなたたちは期限を与えられた。そして、私をとらえた者たちはことば通りに行動した。アベ（安倍首相）、あなたがハルナを殺した。脅迫を真剣に受け止めず、72時間以内に行動しなかった。

　いとしい妻よ、愛している。2人の娘が恋しい。どうかアベに、私の身に同じことをさせないでほしい。あきらめず、家族や友人、同僚たちと、日本政府に対して圧力をかけ続けなければならない。

　彼らの要求はより容易になった。もはや金銭を要求していない。だから、テロリストに資金提供することになると心配する必要はない。彼らが求めているのはサジダ・リシャウィ（死刑囚）の釈放だ。釈放すれば私は釈放される。皮肉にも、日本政府の代表たちがリジダが収監されているヨルダンにいる。私の命を救うのがどれだけ簡単か、もう一度強調したい。ヨルダンから彼女（リシャウィ死刑囚）を連れてくれば、

私はすぐに釈放される。私と彼女の交換だ。(妻の名前を呼び)これが私の最後の言葉にしないでほしい。アベに私を殺させないでほしい。」(英語音声内容)

　テロ集団の交渉の中に、ヨルダンのパイロットのことは全く入っていませんでした。ヨルダン側が人質交換の条件に後藤健二さんとパイロットの生存の確認を求めましたがテロ集団からの返事はありません。パイロットはすでに殺害されていたからです。日本人二人は自分たちの意志で危険区域に入ったのに対し、パイロットは事故で飛行機が危険区域に墜落してしまったのです。国際社会の仲間入りをする以上、日本人はヨルダンのパイロットのことを決して忘れてはいけないと思います。

　ヨルダンのアブドラ国王は、50人を殺害してヨルダンに収監されていたサジダ・リシャウィ死刑囚を処刑し、イスラム国を崩壊させるべくアメリカに協力要請しました。アメリカはこれを受け、アメリカから成る有志連合(アメリカ・イギリス・フランス・ベルギー・デンマーク・オランダ等)と共に、テロ集団の壊滅を約束。アブドラ国王はアメリカから戻ると直ちに軍と会談し決意を表明しました。国王の頭に被っているコーフィーアは、軍の象徴だそうです。国民もこれを支持すると国王を称えました。

日本は、何処へ向かうのか？

　湯川遥菜さん・後藤健二さんが殺害された時も、国会では野党側から「人質が解放されている国もあるのに、事前に処置ができなかったのか？」「中東での会見が不適切だった」と安倍首相に対する厳しい討論が交わされていました。

　そもそも考えなければいけないのは、外務省が3回に渡って、後藤健二さんに対して「渡航延期」を勧告したにも関わらず、聞き入れてもらえなかった点です。日本国憲法には「渡航の自由」という法律があり、勧告はできても強制力はありません。テロ集団は常識など全く通用せず、石油の略奪、人身売買、文化財密売をビジネスに高値取引ができれば、どんなことにも手を染める組織なのです。日本が犯罪組織の要求を受け入れてしまえば、世界から孤立することは間違いありません。日本の政治指導者は非常時に容赦ない敵と内なる偽善の板挟みの中で瞬時の判断が要求されるわけです。

　この人質事件の特殊性は、テロ集団がインターネットを巧みに操作し、自分たちの要求・イスラム国の存在を世界に向け発信したことです。そして知ったのは、日本人の存在です。世界各国は、東日本大震災以来、日本に

対して同情的です。後藤健二さんの解放を願い「I am ケンジ」と書かれたプラカードが世界中から掲げられたことにテロ集団は、日本をターゲットにすれば、世界が動くと悟ったはずです。

　インターネットを通じ、残虐な動画を次々流し、世界からの反応を見る。異常心理としか言いようがありません。そんなものにアクセスしないことです。また覆面の中には、欧州の人も入っており、機械操作を手伝っているとの見方もあります。

　東京オリンピック・パラリンピックを控え、日本がテロ集団のターゲットになってしまったことは間違いないでしょう。この異常ともいうべきテロ集団に何の武器も持たず、国が自国民を守れるわけがないのですから、海外旅行を控える等、国民の危機管理意識を徹底させることだと筆者は強く感じます。

オリンピックとテロ

　令和2年（2020年）に開催される東京オリンピック・パラリンピックの観光客は1,010万人が予想されています。期間は、7月24日～8月9日までの17日間、パラリンピックは8月25日～9月6日までの13日間です。

　警察・消防等関係機関は、その間のテロ対策と雑踏事故対策に取り組んでいます。

　過去のオリンピックでのテロは、1972年のミュンヘン五輪（イスラエル選手団が襲撃され11人が死亡）と1996年のアトランタ五輪（1人死亡）。

　アトランタ五輪には、筆者も行っていましたが警戒はかなり厳しかったです。

　過去のテロに学び、2020年の東京オリンピック・パラリンピックは何としても無事、

成功させなければなりません。

人間関係は、うまくいっていますか？ 嫌だと思う人は？

　最近は、学生から主婦に至るまで、朝から晩まで"スマホ"の世界。まるで人間関係の煩わしさから逃れたいかのように、スマホの世界にのめり込んでいきます。スマホ依存症や腱鞘炎まで出る有り様です。

　びっくりするのは、飲食店などで目にする光景です。若いカップルが入ってきても何の会話もないのです。喧嘩でもしたのかとそっと目をやると、二人ともスマホをやっているではありませんか？ それなら一緒にいる意味がないのではとついつい余計な心配をしてしまうのですが、それが"いま風"のスタイルとか。中には、会っているのに口で会話するのではなく、スマホ同士で会話するカップルもいるそうです。お相手の目を見て、表情を伺って共感したり、否定したりする生身の人間関係はもう築けなくなったのでしょうか？

　友だち同士がラインを通じ、情報交換や近況報告をする。確かにそれはそれで楽しいのでしょうが、ちょっとした切っ掛けで仲間外れにされたり、また仲間外れにされるのではないかと疑心暗鬼になったり……。

　人間関係が完全に機械に振り回されていますよね？ 例

えば大規模災害等、スマートフォン・携帯電話が通じなくなった場合、人が助け合うことができるのかとふと不安になるのです。

　世の中には、人間関係を築きたくても築けない方もいらっしゃいます。権田真吾さん（52歳）、「ぼくはアスペルガー症候群」（彩図社）の著者です。アスペルガー症候群のことを多くの人に知ってほしいとの願いを込めて執筆されました。一流大学を卒業され、大手商社にも就職した経験もおありで、ソフトウェアがご専門です。しかし、社内での人間関係がうまくいかずトラブル続き。自己の障害に気付いたそうです。40歳で医師から、アスペルガー症候群の診断を受け、精神障害者保健福祉手帳を所持。結婚され、一児の父親でもあります。ご自分の体験をもとに、どういう時にトラブルを起こすのか、どうしたらトラブルを回避できるのか？前向きな生き方に本当に頭が下がります。

　アスペルガー症候群は、発達障害の一つで、弁護士・医師……等、専門分野に長けた人に多いといわれています。大抵は、自分で認めたくない、また周囲も先生に限ってそんなわけがないと肩書きに囚われ、見過ごされるケースが大半です。権田さんのような方は珍しいです。

　肉体的にはガンだ心筋梗塞だと騒ぐのに、目に見えない部分、心において触れられるようになったのは最近の

ことですよね？戦後復興を急ぐあまり、経済面では世界第2位まで躍り出たものの、特急列車のスピードに各駅に大切なものを置き忘れてきてしまった気がします。

　身体が風邪をひくように、心だって風邪をひくわけです。アスペルガー症候群の特徴は、一般的に「その場の空気が読めない・習慣になっているものに拘りがあり、無理をしてでも続けようとする強迫性障害の一面がある（入浴が習慣になっていれば、風邪で熱があっても風呂に入らずにはいられない）・断ることが苦手・パニック障害・うつ的症状・音や大声に敏感……等。

　しかしある面では、ずば抜けた才能の持ち主であり、人より秀でているため、その才能を生かしてくれる職場であれば、疎外されるどころか英雄視されるわけです。問題は、周囲の温かい目であり、自分と違うから苦手とろくろくお付き合いもせず、仲間外れにしてしまう許容範囲の狭さです。

　スマホのゲームにはまっている場合ではありません。自分とゲームした方がよっぽど面白しです。

　最近、気付いたことがあります。スマホに夢中になっている人は、人間嫌いなのかと思っていたのですが、あながちそうではないということが分かったのです。電車のホームで行先を聞こうと駅員さんを探しても見当たらず、恐る恐るスマホに夢中になっている若者に「あの

〜」と声をかけてみました。すると予想外の反応が返ってきたのです。「お急ぎですか？」と確認の上、先発電車のホーム、乗継をするか何分差で直通電車もあるとか、スマホ情報を最大限に発揮し、実に親切に教えてくれるではありませんか。それも一人二人ではないのです。中には、ホームまで送って下さり「お気を付けて！」と笑顔で見送ってくれた若者もいました。まんざら世の中、捨てたものではないと一日がとても心豊かに過ごせました。

　若者に偏見を持っていたのは、こちらの方で、人に頼られると喜んで自分の知っていることの全てを教えてくれる善意がヒシヒシと伝わってきました。すっかり気を良くした私は、最近、積極的に若者に声をかけるようにしています。

　例えば、若者がアルバイトをしている居酒屋です。女の子が丈の短いゆかたを着てドンと太鼓を叩いて「いらっしゃい！」と出迎えてくれます。私は、開店時間を待って、カウンターに一人で座り日本酒の冷やを一杯。冷やというと冷蔵庫で冷やしている所が多いのですが、冷やとは常温のことです。お嬢さんにそう伝えると次から冷蔵庫から出して、常温にして出してくれるのです。そして、その日に各地で獲れた魚を桶に入れて自慢げに勧めてくれます。

ある日、いつものようにカウンターでチビチビ冷やを飲んでいて、ふと奥のカウンター客に目をやると、何処かで見た顔の女性が彼らしき男性と楽しそうにお喋りしているではありませんか。何処で会ったのだろう？と気になっていると、ゆかた姿の女性店員が「はい、○○ちゃん」とお料理を運んで来ました。カウンターの女性は、獲れたての魚を桶に入れて自慢げにその日の鮮度の良いものを勧めてくれた店員さんだったのです。勤務時間前に彼とのデートを楽しんでいるようでした。プライベートの時間までお店にいるなんて、余程、仲間が好きなのでしょう。帰り際、ササッと私の所にやって来て「シー」っと。何がシーなのかとお仲間に訊くと「勤務前にお酒を飲んだから」というではありませんか。私も思わず「シー」っと人差し指を口に当て答えました。こんな若者がたまらなく可愛く思え、至福の時を過ごしています。

　最近の若者の中には、現代型うつ病（新型うつ病）にかかる人もいるそうです。就職するまでは、ほめられて日常を送っていたのに、入社した途端、上司から叱られ、不眠が続きうつ状態になり会社を欠勤。それでいて休日は元気だというのです。普段は自信あり気に振舞っていても、上司にちょっとでも注意されると、叱責されたと強く反応してしまうのでしょう。こういう若者とい

い、溜息ばかりついている中年男性といい、結局、仕事自体が好きではなく、義務で仕事をしているため、どこまでいっても幸福感を味あうことができないのだと思います。

　同じ人生、人間関係をスムーズにし、楽しく生きたいですよね？心を閉ざしたり、人と積極的に関係を持とうしなければ、"のっぺらぼー"の人生になってしまいます。

　近い関係だからこそのトラブルもあるでしょう。例えば、夫婦関係や親子関係です。分かっていると思っても話してみなければ分からないことの方が多いのです。喧嘩になるのが嫌だからとか、金銭に関わることは言いにくいし、相手の嫌な顔を見たくないとつい言葉をのんでしまうあなた！いまからでも遅くはありません。言葉に出すことで、人生の視野を広げてみませんか。

　夫婦関係でのトラブルは、別れてしまえばなくなりますが、自分が変わらない限り、どの道、同じようなものだと思います。

　良くあるケースが、子どもが生まれた途端、女性が子どもにかかりっぱなしで、夫との人間関係がギクシャクし始めたということです。産後クライシスといって、出産を機に妻が母親に芽生え、子どもを優先し、夫に目がいかなくなり夫とのコミュニケーション不足になり、場

合によっては離婚まで話がエスカレートし、挙句の果て、未婚の母というケースもあります。夫の無理解がドメスティックバイオレンス（家庭内暴力）までいってしまえば、即、警察等の公の機関に相談し、別れるべきでしょう。それ以外は、もともと女性と男性の身体の構造が違うので、言葉なしに理解させようというのが無理な話なのです。特に女性は産後ホルモンのバランスが崩れ、育児に相当の負担がかかります。夫の世話どころではありません。こういう時に夫が自立できるように日頃から、手伝ってもらえるように訓練しておくことが必要です。母親になる前の妻だけの時に無理をせず、一生涯を通してできないことはするべきではありません。

親子関係で、お金の話ができないのも同じで、いずれは子が親を超える時がくるのですから、あまり"良い子"にならないことです。一生涯、子どもを養っていくなんてできないのですから、社会人になる前にお金の大切さをきちんと話しておくべきでしょう。"金の切れ目が、縁の切れ目"にならないように……。

良く「結婚したら、息子が変わった」という親御さんがいますが、それは違います。本来、持っている子どもの気質を見抜けなかったか、或いはお金を餌に子どもを従順におもちゃ代わりにしてきただけなのです。

自立できない夫、自立できない子どもを相手にストレ

スを溜めるなんてもったいない。とっとと自立させ、自分の人生を楽しみましょう！

ストレス、溜まっていませんか？
ストレスと感じる時は？

　ストレスとは、外界から与えられた刺激が積もり積もった時に防御反応として出る、肉体・精神上のトラブルです。

　外界から与えられる刺激は人それぞれ違うと思います。また同じ刺激でも、強く感じる方とそんなに感じない方がいらっしゃるでしょう。

　筆者も日常生活の中で、毎回注意するにも関わらず、聞き入れてもらえない時にストレスと感じます。例えば、息子のワイシャツです。他の洗濯物は、自分でやっているのですが、ワイシャツは素材によって洗い方も違い、アイロンがけもあることから、私が引き受けています。ただ5枚も6枚もまとめて出されると、アイロンがけが終わった頃には、もう肩がバリバリ。そのためにマッサージにかかるのでは、本末転倒です。1〜ま〜い、2〜ま〜い、3〜ま〜いと、"番長皿屋敷"ではないのですから……。

　「全く、クリーニング店に出せば良いじゃないか？」とブツクサ言いながら、アイロンがけを義務感でやっていた時は、肩こりも倍に感じました。でもある日、ハタっ

と気が付いたのです。今後、いつまでこのアイロンがけがしてやれるんだろう？と。来世に旅立ってしまったら、"番長皿屋敷"もできなくなるのかと思うと、妙にワイシャツの一枚が貴重に感じてきて、そんなに肩も張らなくなりました。きょうもまた1〜ま〜い、2〜ま〜い、3〜ま〜いと親ばか振りを発揮しています。

　病気の引き金になるのは、ストレスです。ストレスの原因が何なのか、はっきり自覚できれば解消法もあるのですが、問題は何んとなくモヤモヤすると不快感を感じつつ、はっきりしない場合。実は、これこそが「もやもや病」という立派な病気なのです。国が定めた疾病の中に入っています。

　良くもまぁ〜こんなに病気の種類があるものだと感心するほど、病名は数え切れないほどです。その中で種類も多く、死因に結び付くのが「新生物（腫瘍）」です。しかしこれとて救われない訳ではありません。

　実際に医師にガンと診断された患者さんが、ストレスの原因を医師に告げられた事で、ガンが小さくなったり、余命が延びたりするケースは、いくらでもあるのです。またガンかどうかを調べる検査、例えばCT検査（360度全方向からX線を当てて、検出結果をコンピュータで計算し、人体の輪切り映像を見て医師が診断する）の場合、被ばく線量はX線撮影の200〜300倍で、たっ

た一回のCT撮影でも発ガン死亡のリスクが生まれる被ばく線量だそうです。いまや国民の被ばく線量は増え続けて、ガンで死亡する原因の6％を超えているとも言われています。日本で医療被ばくによるガンで亡くなる方は、推定2万人前後とか。ストレスが引き金でガンになり、検査で医療被ばくし、それがまたストレスになる。踏んだり蹴ったりですよね？

　医療被ばくがなく、ガンの検査を希望される方は、血液検査で腫瘍マーカーを希望されると良いと思います。良く、血液検査をしていたのに分からなかったと言われる方がいらっしゃいますが、普通の血液検査と腫瘍マーカーの血液検査は全く違ったものです。但し、医師がガンを疑って、その部位に関して腫瘍マーカーの検査を行う場合は保険の対象になりますが、患者側が希望する場合は、自己負担です。

　ガンと診断され、手術や治療をされている方もその取り組み方は様々です。心理学的にも、乳ガンで片方を切除した患者さんが「片方だけで良かった」とプラス思考の方と「何て不幸な」と悲観的に考える方とでは、完治する割合が圧倒的に前者が高いというデータがあります。

　また女性は、美味しいランチを気の合う友だちとおしゃべりしながら食べ、ストレスを溜めないように心が

けていらっしゃる方も多いようです。美味しいものを食べると皆、笑顔になりますものね？

　その反面、最近気になるのは、お子さんを預ける施設等で、些細な事でお母さんが激怒し「責任者を呼べ！」「マスコミに言うぞ！」「土下座しろ！」「施設の対応が悪かったためにストレスが溜まり病気になった。精神的慰謝料を支払え！」……といった苦情の対応に施設の職員がストレスを感じ、神経質になっているという実態です。

　「土下座しろ！」なんて、何処ぞの国の"ナッツ姫"ではないのですから、勘違いしていますよね？

　大切なわが子を預かって戴くという感謝の気持ちより、「きょうは、何でクレームを付けてやろうか？」とエネルギーを燃やす、負のエネルギーです。

　子どもは、親を選べません。子どもにとって一番の宝は、お母さんの笑顔です。いつもお母さんがガミガミ文句ばかり言っていれば、子どもの笑顔も消えます。それに問題をクレームを付ける事で解決している親を見て育った子どもは、やはり同じ事を繰り返すでしょう。

　筆者も以前、レストランで見たことがあります。店側が、お料理の順番を間違えたということで、ご主人が店長と係を呼び、大声を出して土下座させたのです。従業員は、真っ青な顔でブルブル震えていました。その姿を

見て、ご主人は、益々、エスカレートして大声になっていきます。家族4人で来ていましたが、皆ニヤニヤ笑っているだけです。こういった行為に慣れっこになっているようでした。「許せない！」と筆者が中に入ろうと、腰をあげた途端、店内の空気を読み取ったのか、ご主人が突然「おい、行くぞ！」と家族を連れ、出て行きました。

　その後、店長と係の方が「ご迷惑をおかけ致しました」と一テーブルずつお詫びして回る姿を見て、さすがは老舗と感心しましたが、お金を支払わなかったとすれば、無銭飲食です。一度、味をしめれば何度でも同じことを繰り返すに違いありません。

　苦情をインターネット等に流されるのを恐れて、施設や店はひたすら謝る道を選びますが、未来を担う子どもたちの教育を考える時、果たしてその選択は正しいのか疑問です。攻撃を快感と思い育った子どもが、将来、過激派集団に入るかも知れないではありませんか？

　外的刺激であるストレスは、誰にもあります。だからといって、それを弱い立場の人間に一方的にぶつけるのは如何なものでしょう？一時、ストレスを発散し、スカッとするでしょうが、真の解決にはなりません。子ども社会は、大人社会の反映です。子ども社会の「いじめ」を問う前に、我われ大人が自ら、その姿勢を正すべきだと

思います。間違ったストレス解決方は、必ず、己やその家族に返ってきます。
　まず、ストレスの原因が何なのか？考えてみましょう。

キレることはありますか？
誰にぶつけますか？

　「ムカッ！」とくることありますよね？ "あんこ玉"（つま楊枝の先で突くとあんこの玉が弾けて飛び出す駄菓子）ではありませんが、想定外の相手の反応に、思わずキレて感情をぶつけてしまうことって……。

　でも相手と互角の立場でいるには、感情的になっては負けです。大声を挙げたとか、椅子を蹴飛ばしたとか、激しく表れた行動だけが相手にクローズアップされ、下手をすればこちらが加害者にされてしまいます。

　そこで、キレる前の前段階「ムカッ！」と感じたら、まず大きく深呼吸（鼻から目一杯、空気を吸い込みお腹を膨らませ、少しずつお腹に入った空気を口から吐く。）をしましょう！男性は、もともと腹式呼吸ですが、女性は意識をしないと胸式呼吸になってしまいます。仰向けになった状態でコツをつかんでください！

　まず呼吸を整えて、いつまでも同じ場所にいないことです。気分転換をしないと、せっかく深呼吸をしてもまた相手の顔を見ているうちに、第二の「ムカッ」の波が押し寄せるからです。

　これで「キレる」の第一ラウンド、終了です。第二ラ

ウンドは、少し間をおいて、どうしたら相手に分かってもらえるか、いろいろ策を巡らせてから挑戦しましょう！第二ラウンドも第三ラウンドもキレてしまうようなら、ちょっと問題です。怒ることでしか自己表現できないとすると、身体にも良くありません。歓喜のエネルギーが正のエネルギーとすれば、怒りのエネルギーは負のエネルギーです。負のエネルギーばかり出し続けて、血管でもキレたらそれこそ大変です。

　キレた後、鏡を見ましょう！　般若のような形相をしていると思います。そんな恐ろしい顔付きの人とお友だちになりたくないですよね？

　気が付いたら、"一人ぼっち"なんてことにならないように……。

　錯覚していけないのは、相手が子どもや弱者の場合、力で一時は屈しさせられても、理解されていないことが大半です。一歩間違えば、虐待。

　自分を客観視できれば、キレずに済みます。

　キレた日、できればその内容もカレンダーに書き込んでおきましょう！カレンダーは目立つ所にあり、毎日見るものですから「ハッ」っと気付かせてくれると思います。

　他人のキレている姿を見て、気付くこともあります。ドコモショップでのことです。予約もせず、一人のご婦

人が入っていらして、待つことができず急に大声で怒鳴り出しました。店内は「シーン」。スタッフは、順番通り進んでいる旨を説明しましたが、聞き入れてもらえず、店内をぐるぐる歩き回り、ついにスタッフルームに突入しようと、扉に手をかけたのです。

スタッフにたしなめられ、仕方なく奥で休憩をとっていたスタッフが対応することになりました。よりによって、私の隣です。耳をダンボにして聞いていると「このケータイだと、字が見づらいのよね！大きいのと替えたいの」とスマートフォンを希望しました。スタッフが一台の機種を持って来て、説明が始まると、もうパニック状態！画面の大きさと字体の大きさは別なんですよね？

そっと覗きこむと、なんと私が持っている３年前の機種と全く同じではありませんか。「だから、無理なんですって！」と心の中で、呟きました。

結局、ご婦人は「また来る」と言い残して、帰って行きました。

こちらは、３年前のケータイに不具合が生じたため、保証書を使って、新しいものと交換してくださるというので、そのための手続き中でした。新しいものも勿論、３年前の機種と同じです。３年も使っていると愛着が出てきます。いままでお世話になったケータイを綺麗に磨き、中のデータを全て消し、感謝の気持ちを込めて、保

証センター宛て投函しました。

　キレてもスマートフォンが使いこなせるわけでもないので、私はのんびり、いままでの機種と付き合っていこうと思います。

　自分の容量を超え、壊れそうになった時は、美しいものに目をやりましょう！草・花・澄んだ青空・太陽に月……美しいものばかりです。

　せっかく神さまから戴いた「命」。同じなら正のエネルギーを使い果たし、人生を全うしようではありませんか？

　さぁ～きょうから、いえ、いまから般若顔をえびす顔に変身！

情報を何で得ていますか？
その情報を活かせていますか？

　「情報を何で得ていますか？」という問いに大半の方が「インターネット・スマートフォン」と答えるでしょう。確かに旅行一つとってみても、料金から予約まで、機械がやってくれるわけですから手間いらずで、しかもネット等を利用することで人件費を削減した分、安くなるので良いと思います。

　ただ格安航空券の裏にこんなリスクが潜んでいることまでは把握できないでしょう。ドイツの格安航空会社ジャーマンウィングスの旅客機墜落で起きた悲劇です。日本人2人が犠牲になりました。旅客機を故意に墜落させたとされるアンドレアス・ルビッツ副操縦士（当時27）は、2009年ジャーマンウィングスの親会社であるルフトハンザの航空学校で、自身の精神疾患について報告していたことが分かりました。副操縦士が操縦資格を得る数年前に自殺傾向のため治療を受けていたそうです。

　これは氷山の一角であって、機長が精神疾患で墜落事故を起こしたのは、日本でもありました。この場合も周囲が気付いていたにも関わらず「機長に限って……」という周囲の空気が、事故を未然に防ぐことができなかっ

たのです。

　人の命を預かるという重責を担い、精神的に追い込まれていく機長や副操縦士がいるのは稀なことではないかも知れません。

　車や飛行機までも無人で走る世の中にあって、以前は優遇されていたパイロットたちも勤務状況にゆとりがなくなってきているのは事実です。長時間のフライトで身体を消耗することから、自宅から飛行場までは車で行けていたのが、電車やバスになったり、コックピットには3人はいた操縦士等が2人になるなど労働条件が悪くなる一方でした。その上、格安にするということは、人件費を削減しなければ航空会社の利益は出ないわけですから、さらなる悪条件を強いられることになります（操縦に異常が生じた場合、機械が代わって操縦することはできないもなのでしょうか？）。

　人が機械に振り回される時代にあって、こんなホッとする光景もありました。羽田から長崎行きの国内線に搭乗した際のことです。機内は満席でしたが、富士山上空にさしかかった時、アナウンスが入り「富士山が綺麗に見えます。天候に恵まれて良かったです」という一言に機内の雰囲気が和らぎ、見知らぬ者同士が笑顔で頷き合いました。私は窓側でしたので、すぐにその景色が目に入りましたが、それは素晴らしい光景でした。日本最大

情報を何で得ていますか？ その情報を活かせていますか？

の富士山、世界遺産にもなった富士山を上空から拝めるなんて夢にも思っていませんでした。その神々しさに思わず、手を合わせました。そして通り過ぎてしまわないようにその光景を目に焼き付け、席を譲りました。

飛行機は、1時間55分の所要時間を無事果たし、定刻に長崎空港に着きました。搭乗口のキャビンアテンダントさんにお礼を言い、外に出ると「わ〜っ」という歓声があがっています。好奇心旺盛な私は何事かと声の主を探しました。手を振る先に見えたのが、コックピットから手を振る機長、副操縦士の姿でした。

双方、それはそれは素晴らしい笑顔でした。私も負けじと手荷物を床に置き、両手でちぎれんばかりに感謝の気持ちを込めて、手を振り返しました。

こんな至福の時があっても良いですよね？

福地茂雄元NHK会長　中央筆者　田上富久長崎市長

　交通機関に求められるのは、第一に安全性ですが、例えば山陽新幹線は開通後40年間、一度も事故を起こしていません。定年退職された運転手さんが、テレビのインタビューにこう答えていました。「懐中時計を運転席の前に置き、時間に正確に安全に目的地までお客様をお届けするのが使命だと思ってきました。後輩にその志を受け継いでほしい」と誇り高いメッセージでした。
　顧客も安さばかりを優先させるのではなく、旅を楽しむ心のゆとりが必要不可欠だと思います。
　情報は、機械を通してのものだけでなく、自分の目で見て、人と接して得られるものではないでしょうか？
　私も、スマートフォンは苦手ですが、"人間スマホ"のような友人に助けられ、日常生活を楽しんでいます。

私にとって離せないカイロの購入もネットで申し込んでくれます。
　時々、笑える"誤報"もありますが……。知り合ったばかりの仲の良さそうな女性二人が「双子ちゃん」だというので、私はすっかり信じ切っていました。ところがある日、生年月日が一年以上も違うことが分かったのです。機械と違って、"人間スマホ"の場合はその人の主観が入りますから、時には間違った情報もありますが、"アナログ人間"の私にはこの程度で十分です。人間臭さを感じる友人の作ってくれるシフォンケーキは絶品で、人としての優しさが舌に伝わってきます。また日曜日には、ご自宅にお邪魔し、ご主人の作ってくださる水餃子に舌鼓を打ちながら、乾杯！
　機械から入ってくる情報を溢れんばかりに入手しても、それが活かされ幸福感を味合えなければ、不要の産物でしかありません。
　もっと人間同士が泣いたり笑ったりできる、生身の情報を集めようではありませんか？

知っておきたい現状!

消防の悲劇

　我われが突然、道で倒れたとしたら、通報により一番先に現場に駆けつけてくれ、救急処置をし病院に搬送してくれるのは、消防の救急救命士や救急隊員ですよね?

　オウム真理教による地下鉄サリン事件や秋葉原の無差別殺人での救急搬送や新潟県中越地震で皆川優太君(当時2歳)を救出……事件・事故・災害・火災の最先端で、危険も顧みず働く消防組織に一部を除いて国の援助がないことをご存じですか?

　自衛隊・警察は国や各都道府県の組織として税金が使われ、しっかり保障されていますが、消防の組織は、各

防護服姿で放水活動の準備をする神奈川県川崎市派遣の緊急消防援助隊員(平成23年3月25日12:39福島第一原発正門)
【写真提供／川崎市消防局】

自治体毎の組織なのです。

　我が国の東京消防庁は、知識・技能等において世界一の評価を受けています（第二位がアメリカ・ニューヨークの消防）。

　その実力が十分に発揮できなかったのが、東日本大震災における福島第一原子力発電所の放射性物質漏れ事故でした。現在もまだその被害は尾を引き、国民の不安は募る一方です。

　福島原発事故の発生前から、東京消防庁の化学テロ専門部署が余震の数が頻繁なことに気付き、データを保管していました。気象庁だって保管していなかったデータを。そして東日本大震災が発生したとき、第一に福島原子力発電所の水素爆発を予測し、防護服をまとい、原子力発電所の近くで待機していたのです。それを政府は、「帰れ」と消防を帰し、国の組織である自衛隊・警察の順で上空からの放水を始めました。案の定、成果は出ず、最後にまた消防に振ってきたわけです。放水は消防の特技であり、もしあの時、待機していた消防を帰していなかったらと地団駄を踏む思いです。しかも民間企業がドイツ製のコンクリートポンプ車を持っていて、それが一番効力があることを国土交通省が知っていたにも関わらず、官邸と省庁の連携不足で解決を遅らせる結果となりました。そのポンプ車を借りて、消防が放水していたら

と思うと返す返す残念でなりません。

　大災害が起きると、その国の弱点と体質が浮き彫りになるものです。

　これまでに経験したことのない未曽有の大災害に驚き、多少、対応が遅れてもやむを得ないかも知れません。

　しかし原発事故に関しては、その道のプロフェッショナルに任せるべきだったと思います。アメリカは1979年3月28日にスリーマイル島原発事故を、ロシア（当時の旧ソ連）は1986年4月26日にチェルノブイリ原発事故を、それぞれ起こしています。その時の経験を生かし、超大国二カ国が、逸早く援助の手を差し伸べてくれたのですが、これまた政府が必要ないと帰してしまいました。ロシアが日本政府の要請があればいつでも出航できるようにと待機していた「すずらん」という大型船舶は、海に放出してしまった放射性物質を一気に大量に船底に封じ込めることができるのです。しかもその製作費は日本政府が支払ったものでした。

　一部関係筋からは、技術を盗まれると思ったのではないかという声もありましたが、何が起きても他国を入れず、自国だけで解決しようとする姿勢は、単一民族の"島国根性"の表れのような気がします。それは平成7年（1995年）1月17日（火）に起きた阪神・淡路大震災で、世界から駆けつけたボランティアの方々を帰してしまっ

た時と同じです。

　日本の縦割り制度、現場を専門家が仕切れないという体質を改めない限り、二次災害は何度でも起きると思います。

メディアより動画

　スマートフォンの出現により、いつでも何処でも撮れて、簡単に海外にまで転送できる利便性が人気を得て、新聞・テレビの読者や視聴者が減ってきているそうです。

　誰でも出演者になれ、カメラマンになれる時代なのでしょう。ただ動画を楽しむ愛好家は二分されます。可愛いペットのしぐさを映し、みんなに見てもらいという"癒し系"とただ刺激だけを求め、犯罪スレスレの"過激派"的なものです。何れも何人の人が見たのか、テレビ局が視聴率を気にするような感覚でいると思うのですが、それは全く違います。

　一台何百万円もするテレビカメラで、カメラマンが命がけで撮影した映像、その裏にあるドラマ、それが結果的に視聴者の心を打つのです。公共放送のNHKまでが、「インターネット上でみんなが興味をもっていること、また求めるものはそれぞれ違うので、個人のニーズに合わせた番組作りをしていきたい」と論議している放送を

観て、全局がそうなったら、局としての個性もなくなり、みんなが過激的なものを求めれば、その傾向に走るのかと心配になりました。

　いくらテレビ離れといっても、どの時間帯にどういう人が観ているかを見極めた上で、良い番組作りをしていれば、数字はおのずと後からついてくると思います。いまこそ、本物の映像とは何かを視聴者に訴えるべきではないでしょうか？

　最近、気になるのは、視聴者を喜ばせるというより、出演者が楽しんでいる点、言葉遣い（「……で〜」と語尾を伸ばし、尻上がり。「うっめぇ〜」「ねぇんだよ〜」「そうなんですね〜？」「まじで〜」おいしいという表現を「ヤバイ」「〜みたいな」……）、表現の乏しさです。公の電波を使って発信しているという誇りをもって頂けたらと思います。食を取り上げる番組が多いようですが、出演者が「うっめぇ〜」と口を開けて、中身を見せるのです。それをカメラが寄っていくではありませんか。デジタルで画面がワイドなので、思わずのけ反ってしまいました。食は文化。五感を大切に表現力も身に付けて頂けたらと思います。

　テレビが動画に助けられているのも事実です。以前、テレビ局から「竜巻」の電話取材を受けたことがありました。竜巻は、突然起きるため、その場にいる方の動画

を使うのは良いのですが、ベランダに出て撮影している行為に対して「勇気ある行動です」と絶賛しているのです。これはとんでもないことで、空が暗くなった時点で室内に入り、扉・カーテンを閉め、窓・ベランダからは離れるべきです。そのことを指摘すると、次のニュースから「貴重な映像を提供いただき、ありがとうございました。ただ危険ですので、まずご自分の身を守る行動をしてください」と変わっていました。

　テレビとインターネットの融合は必要ですが、それぞれのスタンスは守るべきだと思います。

ネットの落とし穴

　東京都の調べでは、「ネット上でやりとりしている相手と実際に会ったことがあるか？」という問いに、1,500人の小・中・高校生のうち、「ある」と答えたのは、高校生が21％・中学生が15％・小学生が6％いたそうです。

　スマートフォンの普及が進み、ネット利用者が低年齢化している傾向にあります。そんな中、利用代金の不正請求メールが入れば、大人に相談せず返信するという子どもが多く、自分が犯罪に巻き込まれることへの警戒心の薄さが見られます。

　また他人の顔写真を無断でブログに掲載することに問

題を感じていない生徒が半数以上にも上り、無関係の他人をも危険にさらす恐れがある子どもたちが少なくない実態が浮き彫りにされました。

　川崎市の中学1年生の殺害事件では、事件と無関係な女子中学生が犯人扱いされ、名前や写真などが本人の知らない間にネット上にさらされてしまう問題が起きました。一度ネット上に記載された画像は拡散するため、完全に削除するのは困難だといいます。

　無料アプリ「LINE」でのトラブルも後を絶ちません。子どもたちは、普段使っている話し言葉と書き言葉の違いが分からないため、例えば話し言葉で「かわいくない」と語尾を上げて会話している同じ言葉を文字にすると平板で「かわいくない」と否定の意味になってしまいます。それを理解できない子どもたちは、かわいいものをかわいくないと否定した相手に対して、バッシングが始まるのです。

　大人からすれば、起こるべきして起きている"いじめ"のような行為なのですが、子どもの世界では何が起きているのか全く分かっていません。自分が落とし穴に、はまってしまったことも、友だちを落としてしまったことも理解できないのです。

　東京・三鷹市では、小中学生に携帯電話・スマートフォンの適切な使い方を身につけさせるため、保護者向

けの啓発リーフレット「ネット社会を生きる力を育むために」を作製しました。携帯・スマホを買い与える前に親と子どもとの間の約束事を決めておき、パスワードは親が管理することが挙げられています。

　自由と野放しをはき違えないよう大人たちの姿勢が問われる時代です。

　親子の信頼関係、子どもを守れるのは親だけだということ、そして子どもには「群ない・スネない・死なない」の三原則を教えるべきでしょう。

安全保障法って？

　日本の平和と安全を守るための「安全保障法」。何が問題だったのか？
　問題とされる点は、2点。
　1　戦争法案ではないのか？
　2　アメリカのいうことは、何でも聞くのか？

これに対して、日本政府は……、

　全く新たな法律を作るわけではなく、法整備は厳しさを増す安全保障環境に対応するためのもの。このことによりこれまで以上の国際貢献が可能になる。国際平和協力活動の一環として、自衛隊の任務拡大・武器使用制限の拡大は必要不可欠だと指摘。

グレーゾーン

　黒（有事）でもなければ、白（無事）でもないが、日本が危険に晒されるであろうと判断された場合。例えば、武装集団による離島への不法上陸・日本の領海に不法に外国の軍艦が侵入してきた場合・公海上での日本の民間

船舶に対する侵略行為があった場合、自衛隊の即時出動が求められるわけですが、発令には閣議決定が必要です。閣僚を召集して閣議を開いている間に事態が悪化するかも知れません。そこで電話による閣議決定に加え、国家安全保障会議（NSC）の審議も電話で可能にしました。

後方支援（重要影響事態法）

　外国の軍隊が正当な理由で武力行使する場合、日本の自衛隊が積極的に支援するというもの。支援としては、物資や医療での協力がありますが、それに加え弾薬も運びます。

　その活動をする地域や支援の対象をいままでより広げようというのが政府の方針です。平成11年に制定された「周辺事態法」は、朝鮮半島有事を想定して作った法案でした。朝鮮半島に有事があり、外国が攻撃してくれた場合、日本の自衛隊が輸送・補給をしていたのですが、いまや有事は日本周辺に限ったことではありません。いつ何処で何が起きるか分からないため、地理的制約をなくし自衛隊の活動を広範囲にするというものです。日本のNGOやPKOが海外で、武装集団に襲撃された場合、自衛隊の駆け付け警護や武器を使い守ります。邦人救出が可能になるのです（これまでは、離れた場所での救出

はできませんでした。)。

　派遣の要件は、活動する国の同意が得られること・治安が維持される場合・救出活動に協力が得られる場合に限られます。自国の国民を自国が守るのは当然のことで、他国に頼り、その援助だけしますという消極的な考え方は、国際社会からすれば虫がいいと思われても仕方ありません。また何をやっても無抵抗だと中国や韓国・北朝鮮からも馬鹿にされます。実際に使う使わないは別として、新法案を掲げる事は、抑止力になるのです。戦争をしてこなかった点は評価されるものの、現況に合った対応も日本としての「自助」につながるのではないでしょうか。

　また平和が脅かされている被害国に対して、同盟国の米国以外への支援もできるように、オーストラリアなどとも防衛協力をすることで国際社会としての責任を担うことも提案しました。

集団的自衛権

　これまでの個別的自衛権とどう違うのか？個別的自衛権は、日本が攻撃・反撃された時のみ自衛隊などが出動できる権利であり、それ以外は認められなかったわけです。これに対し「集団的自衛権」は、日本だけでなく、

同盟国が武力攻撃を受けた場合も、武力を使ってこれを阻止することができるというものです。

　集団的自衛権は、いわば"保険"のようなもので、使うか使わないかは分からないが、いざという時に行使できるように敢えて「集団的自衛権」と銘打ったわけです。

　例えば虐待やDVも「民事不介入」という縛りが、これまで警察を事件から遠ざけていました。でもいまは、近隣からの通報でも警察は児童相談所と連携し、未然に防ぐことができるのです。だからといって、警察官が「オイ、コラ！（戦争前後、権威をかさにきて警察官が威張っていた）」警官に戻りますか？

　いざという時に、警察官が踏み込めるように最低限の権利を与えるわけです。

　勿論、そんな事態が起きないことが一番ですが……。

　ワシントン生活で驚いたのは過剰防衛とも思える警察官の行為でした。

　スーパーマーケットの駐車場に僅かな時間、子どもを車内に置き、母親が買い物をしようものなら、即、通報されます。

　窓に子どもに手を挙げているようなシルエットが映っただけで、警察は銃を向け突入し、夫婦が別々に取り調べられるという事件もありました。子どもの身体にあった蒙古斑を虐待の跡と誤解され、両親が勾留されたそう

です。

　筆者も高速道路で車がエンストして、パトカーがきてくれたのは良かったのですが、脇に子どもを乗せていたため誘拐と思われたのか、警察官が銃を向け近寄って来るではありませんか。心臓が止りそうでした。（日本と違い、アメリカの警察官は「自助」。まずは、自分の命を守るのです）しかし現場の警察官が自分の判断で瞬時、行動できるのは法律がしっかりしているからです。勿論、何も起きないのが一番ですが、何か起きてから法律を作るのでは間に合いません。

　憲法第9条は、歴代政権が憲法解釈を踏襲し、集団的自衛権の権利を持っていたにも関わらず使えない状況下にありました。そこで、集団的自衛権行使可能の事態を「存立危機事態」と名付け、自衛隊が動きやすいようにしたのです。存立危機事態とは、日本と密接な関係にある他国に対する武力攻撃が発生し、そのことで日本の存立が脅かされ、日本の権利が根底から覆される明白な危険がある事態のことをいいます。

　日本と密接な関係とされる国は、石油を輸入している国、またその海路も含みます。ホルムズ海峡もその一つです。自然資源を持たない日本においては、石油を売ってくれる国、またそれを運べる海路は、正に“生命線”なのです。そこを絶たれれば、日本は経済破綻する可能

性だってあり得ます。それを脅かす存在が出現した場合は、相手国を守り、それを阻止する。結果、日本が安泰でいられるわけです。

　法案が多岐に渡っていること、また法律用語が固い表現のため、ただでさえ身の危険を感じていない日本人にとっては、引き気味になるでしょうが、実はここで逃げずに取り組むことが、一人一人の「自助」につながるのです。
筆者は、朝起きると煩わしいこと、苦手なことから片付けます。そうすれば、後に残るのは良いこと、楽しいことが待っているわけです。いずれはやらなければいけないのであれば、即、取り組む。その一つがクリアできると自信になり積極的に人生が歩めます。
　理不尽な国が多い中で、せっかく自由で平和な国に生まれたのですから、もっと日本のことを知ろうではありませんか。そして堂々と「日本はこういう国だ」と他国の方々に自信をもってアピールできるよう心がけていきたいと思います。
　注意すべきは、マスメディアの報道の仕方に惑わされないことです。各社、思想がありますから、同じ案件でも善にもなれば、悪にもなります。第一、憲法改正が戦争法案なら、かつて日本の統治下にあったフィリピンや

シンガポールが、この法案に賛成するわけがありません。反対しているのは、中国・韓国など日本に力をもたれては困る国です。いつまでも日本には、謝罪と歴史を知らない国民でいてもらわなければ、お金が引き出せませんから。

　いまこそ日本国民、一人一人がしっかり地に足を付け、現在・未来を考えるべき時がきていると考えます。

スリランカ連続爆破テロの惨状（平成31年（2019年）4月21日（日））

国際テロから身を守るには？

　国際テロという言葉を聞いて、身の危険を感じる方はほんの一部だと思います。日本は、これまで平和で安全な国として世界からも評価され、安心して生活することができました。

　しかし「イスラム国（IS）」と名乗るテロ集団が、日本人２人を人質に取り殺害し、日本人を狙うと宣言しているように、いつ誰が狙われるか分かりません。もしかしたら、あの覆面の中に日本人がいたかも知れません。

　テロ集団は、残虐で特殊な人々の集まりと捉えがちですが、「イスラム国」に入りたいとシリアに向かう若者は、ごく普通の成年たちなのです。女性もいます。受験に失敗したり、ちょっとした挫折を味わったことで、孤立感に陥り、生きているという実感がほしいと自国を後にするのです。勧誘する側は「人殺しが目的ではない。良い世の中にするために戦っているのだ。いま頑張れば、死後に素晴らしい世界にいける」と。

　ある若者は「単調な毎日に飽き飽きした。ずうっと悶々としていたけど、人を殺せば、命の尊さが分かるのではないかと思う」。人の命を奪うという意識は全くないのです。戦争の経験もなく、戦争の悲惨さも聞いてこなかっ

た時代の若者の象徴のようにも映ります。

　いま世界では、自国民をシリアに行かせないように無料でスポーツをさせたり、様々な試みが行われています。しかし、どういう人が行きたがっているのか、出国したがっているかはその情報が得られなければ分かりません。米国では、100カ国以上に情報網を張りめぐらせ、交信傍受システム「エシュロン」を英国等と共同運用し、電話やファックス・メールを地球規模で常時傍受していると言われています。

　情報は、一方的に得られるものではありません。危険に苛まれながら、命がけで得た情報を「教えて」と聞き出せるものではないのです。日本側もそれなりの情報をもっていなければ、何処の国とも関係をもつことはできません。いまの所は、安倍首相の精力的な諸外国訪問と経済・人道支援によって相手国の代表とのコミュニケーションを図っているのみです。

　何故、日本は国際社会に入り込めないのでしょうか。経済・人道支援は認められているものの「日本は、自分では手を汚さず、良いところ取りで結局は金儲け主義ではないか？」と厳しい見方があるのも事実です。車や米、各商社が現地に入り、相手国の利益を考えず、自分の所の利害ばかり考え、商売をするからです。ワシントンで生活していた時、日本の米不足が起こりました。これま

で、カルフォルニア米は汚いと輸入しなかったのに、米が無くなると今度は手のひらを反したようにカルフォルニア米を輸出してほしいという。こんなことを続けていては、いずれは孤立してしまいますよね！

　安全保障法制として、「集団的自衛権」。これまでは日本が危険な目にあわされたときだけ自衛隊が出向いていたわけですが、日本に危険性がない場合でも他の国で何かあれば、自衛隊を派遣することもあるという新事態宣言。それに「特定秘密保護法」です。日本はいつ頃からか、「プライバシーの侵害」とかいって、些細なことでも、情報を取るのが難しくなりました。警察であっても、被疑者に行き着くまでには、相当のハードルがあるようです。

　しかし政治家の中には、危機意識がなく、世界における日本の立ち位置を理解できない方が多く、いまだに「集団的自衛権の自衛隊派遣は、日本が日本国民が危機に晒された時だけで良いのではないか？」と"自己中心的"な考えをしているのです。同盟国のアメリカが危険な目にあっても、日本はただ見ているだけというわけですから、信用されませんよね。

　ただアメリカも日本の憲法は、アメリカが作ったものだということを忘れてもらっては困ります。少年法だって、大した考えもなく、付け焼刃で作られたものので

す。アメリカはこの点について「時代に合わせ改正していけば良いではないか」と言っています。ここまで改正されなかったこと自体、不思議ですよね。

やっと公職選挙の選挙権年齢が、20歳以上から18歳以上に引き下げられました。平成28年(2016年)6月22日に適応され、240万人の未成年者が有権者に加わることになりました。昭和20年(1945年)に選挙権年齢が25歳以上から20歳以上に引き下げられた以来のことです。未成年者の犯罪は少年法が原則、保護処分とするよう定められています。もっと早く引き下げていれば、極悪非道な犯罪者が保護処分になることもなかったのです。未成年のうちに殺しておかなければなんて法を盾に取った少年もいます。今回の改正により、大人の仲間入りをしたことで、社会人としての自覚が芽生え、間違ってもテロ集団の勧誘にのるようなことがないように祈ります。

主な国の選挙権年齢は、オーストリア16歳以上、イギリス、アメリカ、フランス、中国が18歳以上、韓国19歳以上です。

テロは、外国だけのものではありません。24年前に東京の地下鉄で起きたオウム真理教による「地下鉄サリン事件」だってテロです。あの時に、化学兵器であるサリンの存在を国民が知っていれば、あれだけの惨事にな

らずに済んだはずです。倒れた方を素手で触り外へ連れ出そうとした行為。勿論、人情面では分かりますが、化学兵器の場合、皮膚感染するので被害を最小限に抑えるためには、速やかに外に出るというのが鉄則です。サリンの入ったビニール袋を車内から出した方もいらっしゃいましたが、いずれも危険行為です。

　各国はこうした場合、大使館等が解毒剤を所持しており、自国民を救うのですが、日本にはその解毒剤すらないということを国民が自覚し、常に危険と背中合わせだと感じていなければなりません。

　オウム真理教の教祖・麻原彰晃死刑囚が囚われの身でも信者は団体名を変えて、至る所に増え続けているということですから、"君子危うきに近寄らず"です。

　犯罪心理の面から事件を見ると、ただ防ぐことだけ考えていても問題は解決しません。防ぐことには限界があるからです。その際、犯人の立場に立って考えるのです。明るい所より暗い所を選ぶでしょうし、化学兵器の場合、空気の籠り易い所、しかも不特定多数が集まる所を狙うでしょう。

　日本はもうかつての平和で安全な国ではありません。国会中継を観ても、これが議員かと疑いたくなる政治家が目立ち、不安になります。

　政治家が守ってくれないのであれば、自分で自分を守

るしかありません。無関心が命を落とす結果にならないように、最低の知識と常に災害を想定する感覚を持ち続けることが、必要不可欠だと思います。

　これまでのテロ集団には、共通点があります。集団内で役割分担があり、いずれも○○省とか広報等、組織内で一つの社会が出来上がっているのです。オウム真理教の信者の中には、警察官・医者もいたといいます。検挙が遅れたのは、内部の情報を流す者がいたからだそうです。

　自分たちの"国"が正しいと思い込んでいる以上、個人では立ち向かえませんが、身近に入りそうな人がいないか、日頃の言動に敏感になるのも自助につながると信じています。

　オウム真理教の一連の事件で教団の元代表　麻原彰晃、本名・松本智津夫元死刑囚ら7人は平成30年（2018年）7月6日に、他の6人は26日に刑が執行されました。

戦争を二度と繰り返させないためには？

　平和になると蔓延するのが「無関心」。それを打破し戦争の恐ろしさを風化させないためには、まず過去に何が起きたのか、真実を知ることです。

　昭和16年を境に、日本は変わりました。軍国主義一辺倒になったのです。水野甚次郎議員のように「国民の命を優先するべきだ」と主張できる人物もいましたが、国会では通りませんでした。

　国家が国民を守るのではなく、国民が国家を守れという軍国主義の雰囲気に国民も報道も呑み込まれていったのです。気付いた時にはこと既に遅し。

　東京大空襲の時の「防空法」は、実に残酷なものでした。「空襲は怖いものではない。逃げずに消火しろ！」逃げた者は『非国民』。処罰され、配給も受け取れません。もっと早く負けを認めていれば、東京大空襲は起きなかったでしょう。しかし日本は日清戦争以降、勝ち戦を重ねてきましたから、空襲で逃げるという行為は自ら負けを認めることになるという国家としての「意地」が尊い国民の命を奪う結果となりました。

　そんな時代にいつまた舞い戻るか分かりません。

　政治・経済が安定し、国民が幸せだと感じている時に

は、戦争は起きません。いまの日本はどうでしょう？

若年性認知症（発症年齢は平均51.3歳）の8割が失職によるものです。

うつ病患者も増えています。うつというと内向的で、自分の殻に閉じこもりおとなしくしているイメージがありますが、とんでもない。攻撃性だってあるのです。病気と診断される境目は、自分で自分がコントロールできなくなった状態で、自殺願望に取りつかれたり、社会生活や日常生活に支障をきたしているか否かです。現代社会においては、ストレスも溜まりやすく押しつぶされそうな自分と上手に付き合っていくしかないのですが、その処理の仕方が気になります。若い男女が出社前に戦場をイメージしたスタジオに立ち寄って、銃で相手を攻撃する、いわゆる"戦争ごっこ"をして発散しているのです。攻撃の相手を国と見ているのか、上司と見立てているのかは分かりませんが、いい社会人がそういった行為をしなければ発散できないとすれば、尋常ではありません。

平成27年（2015年）4月22日、首相官邸のヘリポートで小型の無人飛行機「ドローン」が見つかり、一時、日本中を震撼させました。国家の"砦"というべき官邸内にいとも簡単に入りこめた無人飛行機。危機管理の甘さが指摘されましたが、犯人が逮捕され拍子抜け！

福井県在住・無職の容疑者は、自分の犯行内容をブログに書き込んでいたそうです。原発反対の主張を拡散させる目的といいますが、原発に異を唱える者が、微量とはいえ放射性セシュウムを使うなんて意味不明です。

　犯行が直線的だという点に、他の事件との共通性を感じます。

　民主主義を錯覚し、何でも自由にできてしまう世の中。その反面、それを取り締まる法律がない"**無法地帯**"、それがいまの日本の実態です。

　おまけに経済不況が合いまって、国民の怒りを何処にぶつければ良いのか分からない時代ともいえるでしょう。

　1929年、世界恐慌が起きたのも経済危機が原因でした。それが即、戦争に結びついたとはいいませんが、国内がにっちもさっちも行かなくなると、国は内乱を恐れ、国民の怒りの感情を外に向けさせ、幸せを得るために一致団結して戦おうとなるわけです。その最たる国が、北朝鮮です。日本人は"赤信号、みんなで渡れば怖くない"といった群衆心理が働く国民ですから、国の"マジック"にもかかりやすいのです。メディアは何かにつけ国民の意思を円グラフにしたがりますが、肝心な内容ほど「分からない・どちらともいえない」が大半ではありませんか。

いま起きている事件をみても残虐極まりなく、考えられないような事案だらけです。まるで人を殺すことを楽しんでいるかのような……。それも自分より強い者には歯向かえず、弱者をターゲットにいたぶるような異常心理です。こんな時、"戦争"というあたかも正義のお題目のもと、人が殺し合う世界に突入していくのだと思います。

　人が理屈も無く、一瞬にして殺されていく恐怖を実感していたら、戦争は起きないのでしょうが、小さい時は勉強をしていれば良い子で、そのストレスの発散方法がゲームであれば、出社前の戦争ごっこも頷けます。喧嘩もしたことがない血を流したこともない子どもたちは、喧嘩の度合を知りません。「殺す気はなかった」といいますが、相手の息遣いを肌で感じることができないのです。

　全ての国民が戦争体験者ではありませんが、敗戦と共に醜さ・残虐性をベールで隠し、戦争のことを子どもたちに教えてこなかった日本教育の最大の汚点が、現代社会の表れだと思います。

　いまからでも遅くはありません。次世代を背負う若者たちに身近な大人たちが戦争の恐ろしさを語り継いでいくべきだと強く感じるのです。

情報が洩れていると感じたことはありませんか？誰に話しましたか？

　情報の洩れ方には、二通りあります。一つは、自分が発信した個人情報が発信先より、第三者に洩れてしまう場合。もう一つは、全く身に覚えがないのに、自分の個人情報を第三者が知っていることです。

　個人情報保護法（平成17年（2005年）4月1日全面施行）の定義は、個人に関する情報、例えば住所・氏名・生年月日……などの記述により、特定の個人と識別されること。

　自分が発信した個人情報には、保険会社や不動産会社等に資料請求したもの、化粧品や通信販売等による買い物なども含まれます。最近は、個人情報保護法が厳しくなったため、買い物をしても店側がデータを長期に渡って保管することはありません。一方、保険会社・不動産会社の社員の話では、データを消すことはないそうです。以前は登録しておけば、住所を言わなくても受け付けができた宅配便も最近は、その都度、住所を言わないと受け付けてくれなくなりました。顧客にとって残してほしい所にはデータが残らず、消してほしい所には、末代までしっかりデータが保管されてしまうということです。

何気なく電話でリフォームの相談をしたら、他のリフォーム会社から勧誘の電話が殺到したというケースもあります。電話帳に電話番号は載せていなかったそうです。

全く身に覚えがないケースとしては、例えば大学などの生徒名簿を特定の第三者が入手し、順番に電話してくる場合があります。いかにも親しげに「ご主人、いらっしゃいますか？」と。会社の勤務時間に家にいるわけないですよね。

また路上におけるゴミ出しは、あまり早くしないことです。早朝、収集車が来る前に出したゴミ袋を軽四輪車が運んで行くのを見たことがあります。一度ゴミとして出してしまえば、もう個人の所有物ではなくなりますから、持って行かれても文句はいえません。

そして平成 26 年（2014 年）7 月 9 日、ベネッセ個人情報流出事件が起きました。760 万件の顧客情報が漏洩したのです。また、サンテクノのサーバーから約 785 万件の個人情報が流失し、その先は中国だったとか。警視庁が「不正アクセス禁止違反」容疑で押収した中国向けプロキシ（代理）サーバーから大量の個人情報やハッキングツールが見つかりました。たいていの人は、パスワードを使い回ししているため、流出した約 506 万人分の日本・米国・韓国・台湾の ID とパスワードをツールに読

み込ませると、そのIDとパスワードで別のサイトにもログインできるそうです。流出したデータのうち5万9千人分が、ネット通販大手「楽天」や「アマゾンジャパン」、無料通信アプリ「LINE」のサイトでログインに成功。ID・パスワードは、リストとして保存されていたそうです。犯罪者にログインされれば、貯金を別口座に送金されたり、勝手に買い物されたりする可能性もあることから、警視庁はパスワードをサイトごとに替えるよう呼びかけています。

　今の時代、いくら自分が気を付けていても、悪用しようと狙っている者たちにとっては赤子の手をひねるようなもので、いつ被害が及ぶか分かりません。

　またネットを通じてむやみに情報を得ようとしないことです。ある女性はネット上に「ヨガを習いたい」と発信した所、「教えます」と返信があり商談成立。約束の時間にヨガ教室とされる場所に行き、レッスンが始まりました。魅力のある女性教師だったため、数回通ったそうです。慣れてきたと感じられるようになったある日、女性教師から「素晴らしい師匠がいるから、紹介したい」と誘われ、連れて行かれたのがオウム真理教の道場でした。素晴らしい師匠とは、平成7年(1995年)3月20日、地下鉄サリン事件を起こし死刑囚となった麻原彰晃（本名・松本智津夫）だったのです。信者は薬物を使われ、

化学兵器の人体実験にされたり……。簡単に抜け出せないことはいうまでもありません。

　軽い気持ちでネット上に載せた一言が、人生を狂わす結果にもなりかねないのです。「自分に限って」が通用する世の中ではなくなってきていることを、国民一人一人が肝に銘じるべきでしょう。

　そして何かあったら迷わず、警察に相談することです。警察ですら、個人情報保護法の壁に塞がれ、国民からの訴えがなければ、手も出せないのが現状なのですから……。

　何か起きると、一国一城の主である首相が責められますが、警察に情報が入らないのに、首相の所に簡単に情報が入るわけがないのです。この際、日本のインテリジェンス・コミュニティーのあり方をもっと簡素化する必要があると筆者は思います。

情報が洩れていると感じたことはありませんか？誰に話しましたか？

「日本・米国・英国・ロシアのインテリジェンス・コミュニティー」

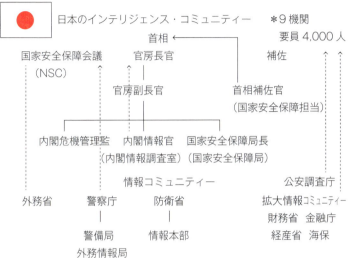

英国のインテリジェンス・コミュニティー

首相
│
官房長官
│
├→ 国家安全保障会議（NSC） ←
└→ 合同情報委員会（JIC） ←

外相　　　　　　　内務相　　国防相
│　　　　　　　　　│　　　　│
政府通信本部　秘密情報部　情報保安部　国防情報本部
（GCHQ）　（SIS=MI6）　（MI5）　（DI）

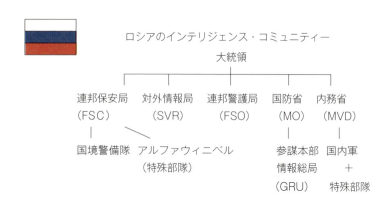

ロシアのインテリジェンス・コミュニティー

大統領

連邦保安局　対外情報局　連邦警護局　国防省　内務省
（FSC）　　（SVR）　　（FSO）　　（MO）　（MVD）
│　　　　　　　　　　　　　　　　　│　　　　│
国境警備隊　アルファウィニベル　　参謀本部　国内軍
　　　　　　（特殊部隊）　　　　　情報総局　　＋
　　　　　　　　　　　　　　　　　（GRU）　特殊部隊

（産経新聞）

人に、はっきりものが言えますか？誰に対しても！

　目まぐるしい日常生活の中で、何となく時が流れ、それが人と同じ方向であれば安心する。そんな毎日を送っていらっしゃいませんか？

　でも本当にそれで良いのでしょうか？

　人間の価値観・感性・味わい方などは、皆それぞれ違います。でも「私は、こう思う」と言えなければ、結局は、相手の言いなりで強者に委ねる人生になってしまいます。

　日本人は良く「お任せします」と言います。「何を食べる？」「お任せします」。また「～でいい」と言いますが「○○が良い」という人は少ないです。はっきり自己主張をしないから、任された方が選択するのですが、それが続くと支配されている気分になり、面白くなくなります。

　自分をもっていない人に限って、他人と自分を比較したがり、憧れ─嫉妬─支配願望へとエスカレートしていくケースも稀ではありません。

　自分の立ち位置がはっきりしていないから、他人の領分にも介入してしまい、結局は何処の場所でも満足でき

ないのです。

　住まいにおいても高層マンションで、こんな悲劇が生まれています。日本は地震国なのに、国土が狭いためにマンション等も上に延ばし入居者を多く募り、少しでも利益を上げるというのが不動産業界の営業方針です。低金利のうちに都心にマンションを購入する方も増えています。オリンピックの影響もあるでしょう。

　そんな中、こんな差別があるといいます。低層階用のエレベーターと高層階用のエレベーターが違い、高層階に住む人が夫の収入を自慢したり、ブランド品で身をまとい、低層階の人とは口もきかないそうです。度が過ぎて、子どものいじめ問題にも発展し、いたたまれなくなって、せっかく購入したマンションを売却し出て行く方もいるとか。無論、不動産業界はそんなことになろうとは思わず、ただ利便性を考えただけなのですが。

　しかし首都直下地震が起きれば、間違いなく大火災が発生します。災害時、高層階の住民が脱出しやすいように、屋上にヘリポートを設置し、ヘリ会社と契約しているマンションもありますが、まだ一般的ではありません。消防のはしご車が延びるのは30メートル程度です。地上から70メートルのマンションの居住者が、はしご車が届かず逃げ遅れたケースもあります。逆に高層階で火災が発生したことに低層階の住民が気付き、一致団結し

て消防車が来る前に初期消火し、消防署から表彰されたマンションもあります。

　はしご車が届かない場合、低層階の送水口から、連結送水管を使って水を流す方法もありますが、消防車が到着するまでは、自分たちで初期消火しなければなりません。

　また東日本大震災では、新宿のペンシルビル（縦に細長い"ノッポビル"）同士が長周期地震動［大きな地震で生じる周期（揺れが一往復するのにかかる時間）が長い大きな揺れのこと］で、大きく揺れて、ごっつんこしそうになりました。最近になって大規模災害時には、高層階は危険だと報じるようになりましたが、安全性より見晴らしを優先する方も少なくありません。

　大規模災害を考える時、普段の住民同士のコミュニケーションが、何より大切なのですが、高層階の住民にあるのが優越感だけだとすれば、それも求められないでしょう。

　山手線の混んだ電車の中から、ブルーテントを見た時、ブルーテントから混んだ電車に乗って通勤する我々を哀れに思うだろうなぁ～と思ったことがあります。

　格差社会は今後、益々ひどくなるでしょう。海外援助・介護保障……など国がお金を使う度に、我われ国民に税金がかけられるわけですが、その税金のかけ方に問題が

あります。国は、収入のはっきりしているサラリーマンから多く税金を取りますが、サラリーマンは、会社が決めた給与の額面と実際に入る手取りとの間にかなりの差があるのです。税金の額は、実際に手にできる手取りの額で計算するべきだと思うのですが「国が決めたことだから」と声をあげる人がいないため、結局は国の言いなりです。結果、中間層だったサラリーマンが貧困層に入ってしまいました。

　日本国が日本国として存在し続けるためには、富裕層が自ら国にお金を提供するべきだと思います。日本は、阪神・淡路大震災で「ボランティア」という言葉が生まれ、東日本大震災で「社会貢献」という言葉が生まれたくらいで、社会に貢献できることをプライドにしている富裕層が少ないのです。

　これが例えばアメリカの場合、富裕層が競って社会貢献することで、名前を後世に残すことにプライドをもっています。世界のアーティストが集まるニューヨークのカーネギーホールの設立者であるカーネギー氏は、国会図書館が設立する際、本を寄贈することを申し出ました。ところが、すでに別の大金持ちから寄贈されていたのです。するとカーネギー氏は、それなら建物を寄贈したいとさらに高額を提供しました。

　アメリカ社会も、差別はあり格差社会は広がっていま

す。富裕層が全てを救えるわけではありません。世界で格差社会がなくなったのは、第二次世界大戦で、貨幣価値がなくなり、お金がただの紙っぺらになってしまった時だけです。それ以外は、資本主義の"副産物"として格差社会は、常に付きまとうでしょう。

戦争の一時期しか格差社会がなくならないなんて、何とも情けない話ですが、かといって過激派集団に入って豊かな人間を殺せば、みんなが平和に暮らせ平等な世の中になるわけではありません。その中でまた格差社会が生まれるでしょう。

日本の国が日本の国として存続するためには、国際社会と足並みを揃えつつ、日本としての主張ははっきり示すべきだと思います。アメリカのカルフォルニアに慰安婦の石碑が建てられることに異議を申し立てたカルフォルニア在住の日本人に対して、司法は「慰安婦問題がなかったというなら、日本政府がそう主張するはずだ」と棄却したそうです。

カルフォルニア州やテネシー州の公立高校で使われている米マグロウヒル社の世界史教科書「伝統と交流」の中で、「日本軍は 14 〜 20 歳の約 20 万人の女性を慰安所で働かせるために強制的に募集・徴用した」「逃げようとして殺害された慰安婦もいた」と記述していたといいます。また「慰安婦を天皇からの贈り物として軍隊に

ささげた」との記述は、教科書として、国家元首に対してあまりにも非礼な表現だとし、日本の現代史家らが抗議しています。多数の慰安婦が殺害されたことが事実であれば、東京裁判や各地のB、C級軍事裁判でなぜ裁かれなかったのでしょうか。実際、韓国側が主張した場所に慰安婦などいなかったと韓国人が証言しているわけです。事実無根の捏造された慰安婦問題に振り回され、また中国の南京虐殺30万人（日本兵と中国人が、仲良く水車をこぐのどかな写真が物語るようにありえない。）という根拠のないでっち上げの歴史にどこまで加害国の汚名を着せられ、付き合わなければいけないのか、日本人として怒りを感じます。

　第一、アメリカが日本を責めるのは筋違いです。戦争の名のもとに、罪もない民間人を大量死させた長崎・広島に投下した原子爆弾、また大戦末期の昭和20年（1945年）3月10日の東京大空襲をはじめ100回超の空襲に見舞われた東京。全面積（5万7,280ヘクタール）の3割弱にあたる1万5,840ヘクタールを焼失させ、全戸数（約144万戸）の半数近い71万戸を被災させたことはどうなるのでしょうか。その時も米兵の"性の奴隷"になった女性はいたはずです。さらに九州地方で水素爆発の実験をして、多くの漁船に乗っていた漁師が被曝していたのに、県は69年経ったいま、やっと聞き取り調査を始

めたという程度で、損害請求もしていません。

慰安婦問題に関しては、ベトナム戦争時の米公文書の記述にこうあったそうです。「韓国軍がベトナム戦争時、サイゴン（現ホーチミン）市内に韓国兵のための『トルコ風呂』という名の慰安所を設置し、そこでベトナム人女性に売春をさせていた」「慰安婦を『第５種補給品』として部隊に支給していた」「慰安所の中には、ベトナム人女性がいた」「売春婦一晩の料金は4,500ピアトル（38ドル）」。

なんともおぞましい話ですが、それが戦争の"舞台裏"です。

戦争は、国と国との喧嘩。

戦時賠償とは、戦争行為による被害と投資、公共施設の整備等与えた利益、残置資産をお互いの国同士で収支決算して、過不足分を補うというものです。

韓国は1945年8月15日、日本が終戦記念日を迎えるまでは日本の領地であり、韓国と日本が戦争したことはないわけですから、韓国に謝罪する義務も金銭を支払う責任もありません。しかし日本は、1965年日韓基本条約に伴い、韓国の経済発展を願って、経済協力金として計約8億ドルを支払っています。

中国に関しても同様で、1972年の日中国交正常化の際、中国側は対日賠償請求権を放棄しましたが、1979

年に開始された、対中ODA（Official Development Assisbance 発展途上国の経済発展と政府開発援助等）に総額約3兆円以上のODAを実施してきました。

つまり、日本は韓国・中国に対して、もう十分な協力は済んでいるのです。

戦後70有余年を迎え、改めて過去の過ちを振り返る意味で、各国がそれぞれの行事を行っています。

我が国においては、天皇・皇后両陛下が、2015年4月8日、日本人が全滅したという激戦区・パラオのペリリュー島をご訪問になり、ご宿泊は保安庁の巡視船「あきつしま」に決定されました。また皇太子さまも戦争に関して、ご自分の知っていらっしゃる範囲のことを愛子さまに教えられているそうです。

沖縄県は、米軍普天間飛行場の辺野古移設をめぐり、移設を推進する国と阻止を唱える沖縄県知事（米軍によるボーリング調査が岩礁を著しく傷付けたことから、国に工事の停止命令を訴えた）が対立しています。国は「このままでは、日米間の信頼関係が崩れる」と、元県の職員であり辺野古移設にも関わり合ってきたOBを外務省の参与として迎え、県知事との交渉に当たらせました。

日米同盟といいますが、アメリカ側が約束を破った場合は、どうなるのでしょうか？例えば、東京港区にある米軍施設（赤坂プレスセンター・ニューサンノー米軍セ

ンター）です。観光客の多い六本木ヒルズの隣にあります。同区は、人口約23万6千人で、うち1万8,200人が外国人、各国の大使館が集中しています。23区内で唯一存在する米軍施設ですが、この基地問題に関しては住民との間で裁判にもなっています。この裁判で、証拠書類の隠ぺいを図ったのは、アメリカ側ではなく日本政府だったそうです。

　米軍施設は、六本木トンネルが完成するまでという約束で使用していましたが、六本木トンネル完成後も居座っているわけです。過去に中野の小学校に不時着した経緯もあり、子どもたちの安心・安全を考えても当然の訴えでしょう。しかもつい最近まで多い時は、朝夕5分間隔でヘリコプターが低空飛行で民家の上空をわがもの顔に飛んでいたのです。

　主に上官の送迎に使われ、一部日本人も使用していると聞きます。

　出て行ってもらえないのであれば、そこを防災公園にするとか、交渉の余地はあると思いますが、港区長がいくら声をあげても国には届きません。

　日本が軍隊を持たない以上、米国に頼らざるを得ないことは分かりますが、ものがいえない関係は、いつまでも敗戦から脱皮できないのと同じです。

　国・行政・国民の関係を高層マンションに例えれば、

低層階に住むのが我われ国民。中層階に行政。上層階にいるのが国の存在です。そして上層階の国ですら、屋上にヘリポートも持つ米国に気を使っている状況でしょう。

大規模災害が起きても、この序列が変わることはありません。行政はそのことに気付き、いわれるままに"上納金"を納めるのではなく、国民のためにプールしておく必要があると思います。

バブル期以前の国の方針は「祭り事は、我われに任せて、国民の皆さまは、その日その日を楽しんでください」というものでした。だから災害時でも、外国人記者にカメラを向けられると、サービス精神からか笑顔で応えるのです。

こんな日本人気質を「何があっても怒りを露にせず、順番もきちんと守る忍耐強い国民」と絶賛する反面、本心が分からないという冷ややかな見方もあります。

いま、瀬戸際にいる日本において、国民が笑っていれば「まだ大丈夫だ」と更なる"年貢"を要求してくるに違いありません。

国が国民の意思を無視し暴走する時、また戦争という悲劇が生まれるでしょう。東京大空襲の被害が大きくなったのも、「自助」の精神より、「国を守るために死んでも、消火活動をしろ！逃げる者は、『非国民』だ」と

国民に洗脳教育をしていたからなのです。

　戦争なんて望む者はいませんが、人の意見と違っていても、国の方針に合わなくても「私は、こう思う」といえる勇気が、戦いの抑止にもつながるのではないでしょうか？戦いは武力だけではありません。

　いま中国は、戦わずして世界を牛耳を執る戦略に出てきました。新たな国際金融機関、アジアインフラ投資銀行（AIIB）を設立し、中国が一番の出資国となり、参加国を募りました。積極的に参加表明する国を「朋友圏」（友だち）とし、"後だしジャンケン"した国とは、区別するというものです。世界の成長の中心、アジア地域に今後10年までに8兆円（950兆円）が必要（道路・橋・新幹線等のインフラ整備）だとした所、すでに50カ国が参加表明しています。

　米国・日本は、①組織運営が不透明。②中国主導の意思決定に不安定感がある。③融資の条件が不透明で、ずさんな融資で焦げ付く恐れはないのか？等の理由で、参加には慎重な構えを示しています。

　1966年設立の「アジア開発銀行」は存在し、歴代総裁は日本人が務めてきました。日本・米国が主導ですが、アジア側からは審査が厳しいとの声もあがっているそうです。

　ただ米国・日本が懸念しているように一歩間違えば、

融資した金額を溝に捨てる結果にも成りかねません。

　中国の狙いが何処にあるのか？中国に詳しい専門家の間では、一党独裁制を保つために国民の目を逸らす意図があるのではないかといわれています。中国国内は、党幹部の腐敗、貧富の差で国民の不満が高まり、一党独裁制に反対する者が増えていくのは目に見えているわけです。

　ソ連の保守派によるクーデターが、中国で起きないという保障は何処にもありません。融資したお金が軍事に使われる可能性だって拭えないでしょう。中国には宗教はありませんから、チャイナマネーの魅力に魅せられ、大やけどをしないように、我われ日本国民も目を光らせていく必要があると思います。これ以上、"低層階"の住民を増やさないために……。

死生観がはっきりしていますか？どういう生き方をし、どう人生の幕をおろすか……

　戦後の上方落語の復興に尽くした人間国宝の桂米朝さんが、89年の生涯を閉じました。桂さんは常日頃から、お弟子さんたちにいわれていたそうです。

　「落語が廃れるわけがない。こんなおもろいものが、廃れるもんかいなぁ。もし受け入れられないとすれば、それはいまの時代に合わないだけで、きっとまた受け入れてもらえる時代がやってくる……」と、落語を風化させないように、本やCDに残されていたといいます。

　敗戦の中、荒れた日本人の心に笑いの灯火をつけた人間国宝の名に恥じない信念から生まれたことばでしょう。父を見送ったご長男の談話が、これまた笑いを誘う落語家らしいものでした。「死を覚悟していたと思います。これまで整理しなかった書物などを片付け、晩年は、穏やかな日々を送っていました。何をいっても『うん』とうなずくだけ。『親父、ご飯ができたよ！』『うん』『親父、これ、ここに置くよ！』『うん』……『親父、財産は全部おれのもの？』『ううん』」と首を横に振られたとか。お弟子さんの中には「人間の死がこんなに綺麗なものだ

とは思いませんでした」と号泣された方もいます。

　どんなに時代が変わろうが、ご自分の信念を曲げず、後世にその生きざまを継承された米朝さんの生き方、死に方は見事ですよね？

　高齢化が進む中、いま「終活」を真剣に考える方が多いようです。人気の死に装束は、男性のものが8万円程度・女性のものが9万5,000円だそうです。お棺は、7万2,000円が一般的で、体型によって特注になり、入棺体験もできるとか。窮屈に感じるのは、サイズが昔からのもので、現代人には合わないようです。仏教では、お棺の中で身を清める意味があるといいます。お墓も後継者がいない場合、「墓じまい」をしなければなりません。50〜100万円がかかるそうです。お墓は、明治6年頃までは、国が管理していたようですが、近代国家を目指した頃から、個人の管理に代わったとか。散骨にしてほしいとか、エンディングノートを書いたり、残された者が困らないようにいろいろ準備されているようです。

　美しい姿で、いつまでもみなさまとの別れを惜しみたい方は「エンバーミング」という方法もあります。死後24時間以内は、火葬も埋葬も法律で禁じられていることから、どうしても数日間はドライアイスで腐敗を防ぐわけです。このドライアイス代もばかにならないとか。

　エンバーミンクは、遺体を消毒し、腐らないように防腐

剤を体内に入れ、復元し、最後はお化粧までしてくれます。そういえば、モスクワのクレムリンでレーニン廟を見たことがありますが、まるで生きているようでした。エンバーミングの歴史は長く、古代エジプトでは死者は性別・身分に関わらずエンバーミングの処理が行われていたそうです。遺体から伝染病にかかるケースが多いからでしょう。伝染病の細菌は、強力な生命力があるといいます。

　日本では馴染みがありませんが、アメリカやカナダでは、ユダヤ教などの一部の宗派を除き、約90％がエンバーミングを用いています。

　生き方と逝き方は、皆それぞれですが、できれば惜しまれて逝きたいですよね？また逝った後も、たまには思い出してほしい。延命措置は図らないでほしいと望む方が多いようですが、筆者もそう思います。管を付けられ、ただ呼吸だけしているなんて耐えられませんもの。でも具体的に「○○は、する。○○はしない」と書かない限り、結局は、医師のいいなりになってしまいます。

　最近は、何でもかんでもネットの世界で、お墓参りもネットでできるそうです。何とも味気がないですね。

　筆者も最期のことを考えています。初めは、葬儀の段取りまで克明に記していましたが、愛犬の死を機に考えを変えました。ペットの葬儀やさんが、火葬車で来てく

れて、家族の見守る中、近所の神社の駐車場をお借りして、火葬してくれるのです。家族それぞれの思いを胸にベンは、静かに旅立って逝きました(享年13歳)。

　私との絆は、東日本大震災以来、余震が続く中、人間には体感できない揺れでも「地震だ」と教えてくれたことです。いまでも寝る時には「地震が来たら教えてね」とお願いします。そして先代の重兵衛には、「守ってね」と。重兵衛は、庭の鯉が飛びはねて池から出てしまうと、鼻で傷つけないように玄関に運んで来ては、知らせてくれました。青春時代の私の良きパートナーでした。葬儀は、失礼ながら前のお宅のご主人が亡くなられた時より派手でした。「この度は、重兵衛さんが……」と目頭を押さえる方、「最期にうちに挨拶に来てくれました」と思い出話をしてくれる方、深夜まで弔問客が絶えませんでし

た。商店街を意気揚揚とお財布をくわえ買い物に行き、帰りは新聞紙に包まれた長ネギをくわえ、また意気揚揚と帰ってくる。途中、パンやさんに寄って、牛乳を飲ませてもらう。何とものどかな風景でした。

　私は剥製にしたいと母に頼みましたが「土に返してあげないと、魂が休まらない」と説得され、泣く泣く荼毘に付しました。享年16歳でした。

　二度と犬は飼わないと重兵衛に誓ったのですが、一人息子にせがまれ、息子が中学に入学した時に、二代目を迎えました。

　祖父のお墓参りに行った帰り、老夫婦がやっている犬やさんに入りました。マンション暮らしということもあり、とにかく小ささを第一に考えました。ちょうど来たばかりだというチワワ二匹が目につきました。一匹は、おとなしくうずくまっていて、もう一匹は、それを突っつきながら、元気に飛び回っています。近所のペットショップから「とにかく元気な子」といわれていた言葉が脳裏に焼き付いていて、元気な方を選びました。室内は、お世辞にも清潔とはいえないほど、環境は最悪でした。子犬の時は、どんな子でも可愛く思えるものですが、妙に警戒心が強く、抱いている時はおとなしいのですが、下ろそうとすると「ガブリ」。家族全員が負傷しています。チワワだけに歯が鋭く、傷も深く、重兵衛の

イメージは一変しました。犬やさんに電話で相談すると、噛み癖は直らないから、おとなしい方と替えてくれるというのです。ついでに血統書の年月日が間違っているので、書き替えるというではありませんか。あまりにも早く親元を離されたために不安だったのです（ワシントンでは、子犬を3ヵ月以前に母親と離すことはしません。またペットショップには、亀はいますが、あとはペットフードだけです。親から早く離され、檻に長くいれられた犬に問題行動が多いからだといいます。)。

　噛まれるのは嫌だけど、かといってご縁があって一度は連れて来た子をまたあの不潔な環境に戻すというのも可哀そうに思え、飼うことにしました。直感で、おとなしい子は貰い手がすぐ見つかるだろうけれど、噛み癖のある子は殺されるのではと思ったのです。この反抗期のような性格の子に私は、夫のニックネームと同じ"ベン"と名付けました。

　息子も眠っているベン（犬の方）が可愛くて、頭をなでてやっては、ガブリ！それでも、息子は散歩役を下りませんでした。最後の最後まで、よく面倒を看てくれたと思います。後で知ったのですが、息子は犬アレルギーだったのです。

　ベンは、東日本大震災以降、闘争心が薄れ、ガブリもなくなりました。ある日、私がちょっと部屋を離れ、

戻って来ると、いつもなら飛び跳ねるベンが吠えもせず、私がいつもいる方向に身体を向け、横たわっているではありませんか。猛暑だったので、さすがにバテ気味なのかと、音を立てないように家事をしていましたが、あまりおとなしいので、嫌な胸騒ぎがしました。「ベン、ベン、ベン……」とだんだん声を大きく、最後は叫んでいました。でも何の応答もありません。

　人では、心肺蘇生法を学んでいながら、犬の心臓が何処にあるのか分からないのです。私は動転し、獣医さんに電話を入れました。普段、丈夫な子だったので、病院には予防接種にしか連れて行ったことがありません。往診をお願いしましたが「その状態では、無理でしょう。静かに逝かせてあげてください」と。何故、部屋を離れたのかと、私は自分を責めました。

　社会人になったばかりの息子に電話を入れ、「ベンが、ベンが……」というだけで言葉になりません。異常に気付いた息子が昼休みを使って戻ってくれました。舌が垂れ下がり、床に横たわっているベンを抱き上げ、舌を入れてやり、何度も何度も頬ずりをしています。その夜は交代でベンと添い寝しましたが、暑さのあまり匂いが出てきたので次の日、葬儀やさんを頼みました。休日ということもあり、珍しく家族が揃っています。暑さから腐敗も激しかったのですが、休日でドライアイスが手に入

らず、保冷剤で身体を冷やし、葬儀やさんが来るのを待ちました。

　陽が落ち、火葬車が来ているのに、息子がいません。「ちょっと待って！」「ちょっと待って！」というのが、小さい時からの息子の口癖でしたから「またか？」とイライラしていた所に息子が帰って来ました。黒い服装で、ベンと散歩した道を歩いて来たそうです。息子の優しさを改めて知る思いでした。

　ベンが火葬車に入る時、息子はベンのおでこにそっとキス。小さな骨壺に納められたまだぬくもりのあるベンを私が抱き、夫の運転で家に戻りました。

　こんな静かな別れも良いなぁと思ったのです。

　ベンの時がそうでしたが、初めは本当に眠っているようにきれいで安らかな寝顔ですが、時間と共に死後硬直で形相も変わってきます。それを自分に置き換えた場合、上から大勢の人に覗きこまれるなんて、まっぴらご免です。それより、いまのお付き合いを大切にしたいと思いました。私には毎年、誕生日を祝ってくれる友人がいます。ありがたいことです。

　“今わの際”に若者たちへのメッセージは、「きっといつかあなたの時代がくる」ということ。筆者の子どもの頃なんて、惨たんたるものでした。幼稚園は、ミッション系だったのですが、ある日、コートのボタンが取れ、

シスターが付けてくれたことがありました。付け終ると「ありがとうは？」と催促するのです。幼な心に感謝の気持ちは、人に強制されていうものではないという思いがあったのでしょう。私が黙っていると、シスターもムキになって「ありがとうと言えるまで、コートは返しません」と。しばらく、すったもんだした記憶があります。まぁ大人からすれば、可愛げのない子だったでしょうね？

小学校に入れば、運動会の行進で異端児扱い。手と足が一緒になってしまうのです。何回もやり直しをさせられるのですが、手と足は一緒です。この時も「別に手と足が一緒でも前には進むのだから、良いじゃないか」という気がありました。人に笑われようが、後ろ指を指されようが「No problem（大丈夫、問題ない！）」です。そうしたら、いまは手と足が一緒になる歩き方が健康に良いとされ、わざわざお金を出して習いに行くそうではありませんか。

中学に入り、倫理の時間でした。「明日、死ぬと分かっていたら、きょう何をしますか？」という教師の問いに私は「昨日と同じことをしていると思います」と答え、初めて教師に褒められました。周囲も「まんざら馬鹿ではないかもしれない」と個性を認めてくれるようになった気がします。

両親への感謝は、感性を育ててくれたことです。幼い

頃は、退屈でしたが、終わったらパフェが食べられると餌で釣られ、歌舞伎やバレエなど生の芸術に触れさせてくれたことが、いまの人生につながったと思っています。そんなふうに人生は、一場面を取って、価値の云々なんて分からないのです。

　要は、自分を信じ「The Only One（たった一つしかない）」楽しい人生にして頂きたいと願っています。

　これまでの学校教育は、歴史問題を含め「何故？」を省き、ただ年号をたたき込むだけのものでした。全員とはいいませんが、学校の成績だけで教師になった人の中には、考えられないような行動に出る教師も少なくありません。

　アイエスの殺人動画を生徒たちに見せ「命の尊さを教えたかった……」などというとんでもない教師が現れたかと思うと、学校に迷い込んだ生まれたばかりの子猫をどう処理して良いか分からず「目の開く前に生き埋めにしてしまえ！」と生徒たちに穴掘りを手伝わせ、警察に「動物愛護法違反」で逮捕された教諭。

　幸福感も宗教心もその人の心の中にあるものです。

　私は、エンディグテーマに3曲選びました。賛美歌312番「いつくしみ深き」と「アメイジング　グレイス」と「花は咲く」です。花は咲くの曲が流れると自然にフィギュアスケートの羽生結弦選手の美しい滑りが目に浮かびます。東日本大震災発生時、仙台で被災し、被災者の

ことを考え、一時はフィギュアスケート自体を断念しようとしたそうですが、自分を奮い立たせ被災された方々の励ましに結びつけばと復帰しました。リンクでは、いつも十字架と共に感謝の気持ちを表し、何が起きようが自分で背負い、笑顔を絶やさない姿勢は、とても20歳代とは思えぬ王者の貫録振りです。

さまざまな場面を走馬灯のように心に浮かべ、家族とこの3曲を歌いながら、眠るように逝ければ、この上ない幸せなのですが、これまた近藤誠医師のお説によれば、人間そう簡単には逝かないようです。

その場合を想定し、家族の行動を予測してみました。フルコーラス3曲までは、家族も付き合ってくれるでしょうが、それを2回も3回も繰り返し歌わされれば、さすがに飽きるでしょう。特に夫は、一ヵ所に落ち着いて居られないタイプですから、息子に「何かあったら知らせてくれ」と言い残し、スポーツクラブへ行くでしょう。「身を清めて来る」なんて言い訳をしながら……。

人の良い息子は「うん分かった」と言いつつ、スマホに夢中になるでしょう。まぁ贅沢はいえません。想定の範囲内です。ただ二人ともいなくなり一人にされるのは困るのです。48時間、放置され、孤独死とでもなれば警察が入り、司法解剖に回されるからです。仲の良い警察官に48時間以上経っても事件性はないから、解剖の

必要ないと話すと「こっちだって30歳を過ぎた女性の身体なんて見たくありませんよ！」と。「そりゃあそうだよね」とあっさり認めてしまいました。

そこで、2パターン考えてみました。ご主人の転勤で、大学病院を辞め在宅医療看護師として、終末医療にも関わっている私の友人にわが家に来てもらい、いよいよとなったら、主治医である山王病院の奥田誠先生に連絡を取り、死亡診断書を書いていただくという方法です。

奥田先生は、近藤先生と同期で、患者の身になって検査のメリット・デメリットを分かりやすく説明してくださり、ユーモアのセンスも抜群。巡り合えたこと、健康で生涯を送れたことに感謝しています。

人間の最期の言葉は「感謝」の二文字でしょうか？

[筆者のイメージ]

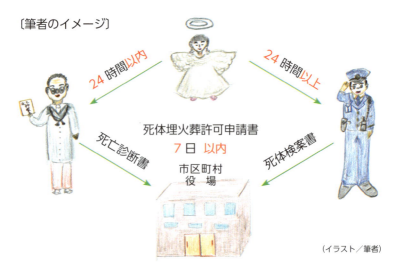

（イラスト／筆者）

「花は咲く」

作詞　岩井俊二　作曲　菅野よう子

真っ白な雪道に　春風香る　わたしは　なつかしいあの街を思い出す

叶えたい夢もあった　変わりたい自分もいた

今はただなつかしい　あの人を思い出す

誰かの歌が聞こえる　誰かを励ましてる

誰かの笑顔が見える　悲しみの向こう側に

花は　花は　花は咲く　いつか生まれる君に

花は　花は　花は咲く　わたしは何を残しただろう

夜空の向こうの　朝の気配に　わたしは　なつかしいあの日々を思い出す

傷ついて傷つけて　報われず泣いたりして

今はただ愛おしい　あの人を思い出す

誰かの思いが見える　誰かと結ばれてる

誰かの未来が見える　悲しみの向こう側に

［以下略］

独裁ソ連と闘い抜いた"瀕死の白鳥"

　ボリショイ劇場の元プリマ、マイヤ・プリセツカヤさんが、89年の生涯を閉じました。20世紀最高のバレリーナとして華やかなスポットライトを浴びる影に当局から24時間監視される抑圧と苦難の日々でした。

　父親は、スターリンによる大粛清で犠牲となった数百万人の一人でした。政治犯の嫌疑をかけられて銃殺され、母親も流刑となりました。

　プリセツカヤさんは、バレエの才能を認められつつも、「カルメン組曲」など反ソ連的な新作にも挑戦していたため、海外公演もままなりませんでした。

　80歳を超えても踊り続け、踊りの中で、ご両親のことまたご自身の苦悩を表現してきたのです。舞台に立っただけで、その存在感は観客を魅了したそうです。

　第18回高松宮殿下記念世界文化賞を受賞。また日本のバレエ界への貢献で旭日中綬章を受章されました。

　時代に翻弄されながらも強靱だった白鳥は、迷うことなくご両親のもとへ旅立っていったことでしょう。

　謹んでご冥福をお祈り致します。

『サナギのカラを地上に残して、　あの世で蝶になる』
　　　　　　　　　　　　　　（キューブラー・ロス博士）

心の中に"神様"がいらっしゃいますか？

　アメリカの大統領は、演説の中で「神のご加護がありますように……」と神の存在を表しますが、日本は神道でありながら、宗教心が育ってこなかったような気がします。宗教心があれば「人を殺してみたかった」なんて言葉が出るはずがありません。

　筆者は何処の宗派にも属していませんが、先祖だけは大切にしています。人間は二度、死ぬと言います。一度目は、心肺停止になり死亡が確認された時。そして二度目は、誰からも忘れ去られた時です。私には、忘れてはならない祖父の存在があります。それを次世代に受け継ぐことが私の使命だと思っています。

私の朝は、先祖にお水をあげることから始まります。
　そして祖父に語りかけます。

幸助おじいちゃん

　おはようございます。大変な時代を本当にお疲れさまでした。おじいちゃんの孫として、この世に生を受けられたこと、光栄に思います。これからもおじいちゃんのこと、後世に語り継いで参ります。そしてお守り致します（守られてばかりですが……。）。

　おじいちゃんは名前の通り、人の幸せを助けることで人生を全うしました。立派です。おじいちゃんと出会って、幸せな気持ちになり救われた方はたくさんいらっしゃると思います。中でも明治時代、最悪の汚点とされた『大逆事件』の被告の方々です。『この世では何の恩返しもできない』とおじいちゃんへの感謝の気持ちを千羽鶴に託し、渡されたそうですね？おじいちゃんは、それを大切に自宅に持ち帰られたと母から聞きました。その人としての優しさ・信念・正義感がいまの平和な世の中へと導いてくださったのです。ありがとうございます。仇や疎かには致しません。

　おじいちゃんは、27歳で判事・検事の資格を取得され、弁護士の道を選ばれました。そして出くわしたのがこの事件だったのですね？大逆事件は、明治天皇・皇太子の暗殺を企てたとして、大勢の社会主義者が拘束され、幸

徳秋水氏を含む24名が処刑されました。アメリカの反対を押し切って、『特別裁判』という形でろくろく審議もせず、処刑してしまったのですね？息子が国会図書館でおじいちゃんの記載された記事をコピーして来てくれました。死刑・死刑……と続く記事は衝撃的でした。

おじいちゃんは『政府の陰謀だ』といち早く、被告の弁護を引き受けました。弁護団の中で最年少だったと作家・佐藤優さんの関係者から伺いました。おじいちゃんは盲腸の身体をおして裁判に挑まれたのですね？でも政府に洗脳された一部の国民から石が飛んだと。さぞかし辛かったでしょう。

そして『処刑』の二文字を聞かされたとき、張り詰めていたものが崩れたのですね！腹膜炎を併発し、まさか37歳の若さでこの世を去るなんて予想だにしていな

かったと思います。

　真実は、おじいちゃんの目がね通りでしたが、奪われた命は還ってきません。どうぞその時、救えなかった方々と共にいまの平和な世の中をご覧ください。道先案内人を務めさせて戴きます。2018年、おじいちゃんが命懸けで弁護した幸徳秋水氏の名前が歴史教科書に載りました。

　おじいちゃんの凛とした遺影、忘れません。
〔戒名：醇徳院顕正圓通居士〕

とくおばあちゃん

　おはようございます。おばあちゃんから母に受け継がれたお料理のお陰で、人生を数倍楽しませて戴いております。　　　　　〔戒名：醇香院慈雲光徳大姉〕

照子お母さん

　おはようございます。亡くなった昭子姉さん・和子姉さんの分まで、稽古ごとをさせてくれてありがとう。服部・島田バレエ団に入れてくださったことは、一生の宝となりました（初代バレエ協会会長で、ロシアのバレエを日本にひいた一人者）。〔戒名：蓮華院春照芳香大姉〕

清三郎お父さん（元建設省奉職）

　おはようございます。戦後復興に努力されたのに、こんな日本にしてしまって、ごめんなさい。でもお父さんがいらしたら、きっと筆に訴えているでしょう。その血を戴き、私はものが書けるのです。これからも共に筆を走らせてください。

〔戒名：蓮城院清壽憲隆居士〕

お世話になった方々……

　また床の間には、元警視庁・伝説の似顔絵鑑識捜査官、現・タイ警察大佐の戸島国雄さんから戴いた観音様が一体。

　全員にご挨拶をすると、20分はかかります。

　そして、お天とうさま・お月さまには「我われ、愚かな人間共をお許しください」と。最後に「天災・人災……に遭遇しませんように」と祈りますが、エボラ出血熱・PM2.5等を入れると、災害の数は何と19にも上ります。

　心の中に神の存在があると、日常のもの全てが生あるものと見え、慈しみが生まれるのです。お花も葉っぱも最後の最後まで愛しみます。そして最期は、ゴミ袋とは

別に、白紙を敷き葬ります。ですからゴミ収集車は、"霊柩車"でもあるわけです。

いま世界中で90以上の国、200万人がシリアに渡航しています。若い人が生きる目的を失い、イスラム教を信仰し、イスラム国に救いの手を求めているそうです（イスラム教と"イスラム国"は違います。）。それも普通の家庭の成績も良い子だといいます。「いままで、不平・不満をいえる場所がなかった。イスラム国の仲間が聞いてくれる」と……。

勿論、幻滅して帰ってくる子もいるそうですが、イスラム国を選んだということで世間の目は厳しく、自国に居場所がなく仕方なくまたイスラム国に舞い戻るというケースもあるとか。刺激があって面白そうだと気楽な気持ちで渡航する者もいるようです。

「国家テロ対策センター」では、他国と連携を図り渡航禁止を徹底させる方針だそうですが、青年たちを自国で幸せにして頂く方法はないのでしょうか。

日本も他人事ではありません。かつては満州を攻め「満州国」と名付け、戦っていたのです。テレビの映像に映った子どもたちが大人の真似をして戦争ごっこをしている姿は、やはり仮面をかぶっているのです。

神様は、あなたの心の中に！

　きょう、あなたが無事一日を過ごせたら、それは神様があなたを守ってくださったからです。お家の中の至る所に神様はいらっしゃいます。

　火を出さないですんだのは、火の神様があなたを守ってくださったから、水が飲めて洗たくができるのは、水の神様がご機嫌よくいてくださるからです。お正月に水神様・火の神様・車の神様にお飾りをするのは「どうぞ今年一年、無事過ごせますように……」との願いが込められています。一夜飾りは縁起が悪いといいますから、暮れの良い日を選んでお掃除をし、お飾りをしましょう！きっと良い人生になりますよ。

どうして、"命"を粗末にするのでしょうか？

　生きていることの実感が欲しくて、自ら戦闘地域に出向く人。電車に飛び込む人。遭難するかも知れないのに、ルールを破って走り回るスノボー者たち。

　御嶽山の噴火であれだけの犠牲者が出たのにも関わらず、山頂目指し山登りを続ける人。

　皆、それぞれに理由があり、決まって「自己責任」「自助（自分の身は自分で守る）」というでしょう。しかし本当にそうでしょうか？

　戦闘地域に自国民が入れば、国は全力を挙げて救い出すでしょうし、電車に飛び込まれれば、その肉片を片付ける警察官がいるのです。山で遭難すれば消防や地元自治体が救出に出向きます。

　遭難した若者が無事、救出され学校の担任と再会した際、ヒーロー気取りでピースサインをし、記念撮影をしている光景。危険区域に入って運良く救出され「こっちだって、命がけなんだよ！」と救助隊員が若者を諭せば、「叱り過ぎ」とネットで攻撃を受ける。

　筆者は、再発防止のためにマスコミがその後の責任をどう取らされたかを報じるべきだと思うのです。電車に飛

び込めば、当然のことながら電車を止められた分の被害金額が生じるでしょう。以前にも遺族にJRが700万円の被害金を請求し、遺族は弁護士を立てて金額を減額してもらったケースがありました。また鉄道関係者も飛び込みをされないための策が必要だと思います。新幹線のように電車とホームとの間に扉を付け、列車が完全に止まるまでホームにいる人が先端部分まで行けないようになっている駅もありますが、全箇所ではありません。自殺者が多発している駅で、ホームの照明をブルーに替えた所、一人も飛び込まなくなったと言います。連鎖を恐れてか、飛び込み自殺があってもマスコミは「人身事故」と発表します。しかし自殺者が出て、そのために電車が遅れ、こういう人が迷惑を被って、残された遺族にこれだけの金額が請求されたと真実を報じれば、飛び込む一瞬に家族の顔が浮かぶはずです。もともと自殺を図る方は、周囲に迷惑をかけたくないという理由からなのですから……。

　また自殺者の大半が心療内科の患者で、薬を常用していたというデータもあります。医師側は、自殺願望を抑止するために薬を出すのでしょうが、最終的に薬でしか感情がコントロールできなくなり、自殺されてしまうのであれば、根本からの治療を考え直す必要があると思います。

　高齢化が進む中、介護に疲れた老人が妻の夫の首を絞めて殺してしまったという悲惨なニュースが後を絶ちま

せん（50、80 の引きこもりも増えています。）。どんな理由があるにせよ、首を絞めて殺してしまえば、「殺人者」です。介護が必要とされ、施設に入りたくても数年先でなければ入居できない実情を国がどう考えるのか？"殺人者"を増やさないためにも、国が保障できないのであれば、健康なうちに意志をはっきり書面の残している者に対しては、その人がその人らしく人生の締めくくりができるよう『尊厳死』を認めるべきだと思います。

　平均寿命は、1891 〜 1898 年で、男性　42.8 歳、女性 44.3 歳に対して、2013 年は、男性　80.21 歳、女性　86.61 歳、約 2 倍に寿命が延びているのです。

　認知症で介護が必要になり、施設を希望しても入居ができないのであれば、自宅で生活せざるを得ないのですが、認知症患者が車を運転し、道路を逆走したり、人を撥ねる事故が多発しています。認知症の特徴として、意志と行動が一致しないのです。つまり頭では、真っ直ぐ進もうと思っても、身体は逆にいきたがる。抑制が利きません。人を撥ねて、被害者が死んでしまえば"殺人者"です。しかし法律上は「過失運転致死傷」です。お子さんが交通事故に遭い、病院でわが子と対面しても顔も頭も潰れ、認識できなかったと言います。また娘の命を奪っておいて「過失運転致死傷」だから、加害者に人の命を奪ったという自覚がないそうです。ましてやそれ

が認知症であれば、尚更です。

　本人のみならずその家族も「車まで取り上げたら、可哀そう。家の周りなら、大丈夫だと思った」と堂々と語るのですから、たまったものではありません。

　もう、「曖昧」「何も無かったことに」は通用しない世の中になっているのです。

　一番の懼れは、国民の生命を守るべき消防・警察・自衛隊の方々が疲れ果て、希望がもてなくなることです。いくら「使命感」といえど、彼らも人間である以上、限界はあります。彼らを失うことが、国力をなくし、安全な生活ができなくなるのだということを国民一人一人が認識するべきではないでしょうか？

　不安になった時、両腕を背中に回し、自分自身を優しく包み込んであげてください！明日が迎えられます。

東京・豊島区池袋での高齢者運転の乗用車暴走事故の惨状
（平成31年（2019年）4月19日昼）

変化に敏感ですか？

　まるで絵画を見ているような幻想的な空をご覧になっていらっしゃいますか？異常気象の後に大災害が来ると言われてきましたが、空の変化がまさに大災害を予言する天からのメッセージのように筆者には映ります。

　何百年・何億年前から自然災害は繰り返し起きてはいるのですが、その周期が早くなっている要因の一つに地球温暖化があるでしょう。便利さや豊かさを求めるあまり、我われ人間はことごとく自然を破壊してきました。

　東日本大震災の被災地、宮城県・仙台市で第3回「国連防災世界会議」(2015・3・14)が開催され、防災途上国に日本は40億ドル（約4,900億円）を拠出するほか、防災や災害復興を担う各地域のリーダー4万人を育成するなど、国際社会に対する日本の支援策を発表しました。世界会議には、186の国・地域が参加し、国内で開催する国際会議としては過去最大級となりました。開会式には、天皇、皇后両陛下がご臨席。

　今回の会議が開幕する直前、南太平洋の島国バヌアツが、過去最大級のサイクロンに見舞われ、人口の約半分が被災したそうです。

　2004年12月26日（日）のスマトラ島沖地震で史上最悪

の津波被害が生じたインドネシアの国立シャークアラ大学のハイルル・ムナディ津波災害軽減研究センター所長は「災害の予測や防災に関わる技術の発展自体は必要だが、科学が全てではない。一人一人が対策をとらなければ、本当の防災は成り立たない」と強調しました。

科学者のダーウィンは「生き残れるのは身体の大きい者でも、声の大きい者でもない。『変化』についていける者だけが生き残れるのだ！」といっています。

変化に敏感になれるには、日頃の感性また危機管理意識を何処まで持てるかです。

東日本大震災は東北地方のみならず、各地で相当の被害を出しました。

その中で、企業の対応として適切だったのは、千葉県浦安市にある東京ディズニーランドと東京お台場のフジテレビです。両社とも夢や芸術に勤しむ感性を大切にしているグループでした。東京ディズニーランドは、全員がアルバイトさんでしたが、売店のぬいぐるみ等を無償で提供し、液状化の中、全顧客を館内に止め、朝まで安全に顧客の命を守りました。

フジテレビは、日枝久会長（フジサンケイグループ代表）が非常階段を使い、逸早くアナウンサー室に入りマイクを使って、全社員に「落ち着いてください！」と呼びかけたそうです。社員さんは会長の声に安心したとい

います。普段、日枝会長は社員食堂にジャンパー姿で現れ、新入社員にも名前で気さくに呼びかけていたとか。最近、問題視されている女性社員の産休と職場復帰も以前から、社員を家族とし手厚くフォローしてきました。またフジサンケイグループ代表でもある同氏は、以前から地球環境問題で温暖化の防止や環境保全活動に力を入れ、熱心に取り組む企業や団体を表彰する「地球環境大賞」を28回（2019年）重ねてきました。そして高松宮殿下記念世界文化賞を通じて、世界のアーティストを育てています。

　災害時は、平時に身に付いていることしかできません。

○こんな時、あなたならどうされますか？

Ⅰ 街中で、化学テロが起きました。目の前に人が倒れています。あなたは？

　① 見ないようにして、通り過ぎる。
　② 肩に手を当て「大丈夫ですか？」と介抱する。
　③ 携帯電話を使って、救急車を呼ぶ。

　心情的には、②ですが、化学剤テロの場合は、皮膚から感染の恐れがあるため、即、救急車を呼んであげましょう。正解は、③です。（日本は、他国のように自国民全

員に行き渡る解毒剤を保有していません。）。

尚、避難する場合は、向かい風の方向に進みます。

> Ⅱ 抽選で、海外旅行券が当たりました。あなたは？
> ① 勿論、行く。
> ② 旅行会社に問い合わせ、安全が確認されれば行く。
> ③ 勿体ないが、中止する。

チュニジアの博物館で、テロ集団による無差別殺人が起き、日本人の犠牲者が出ました。チュニジアは「アラブの春」で、23年に渡る独裁政権に幕が下ろされ、以来、安全な所として観光客で賑わっていました。しかしテロの目的は、観光産業に打撃を与えるためといわれています。つまりテロは、何処ででも起こりうるのです。自分の身は、自分で守る。海外旅行は極力、控えるべきでしょう。正解は、③です。自助の精神です。

一つの事件を他人事と思わず、常に「自分なら？」と考える。世の中は、どんどん変化しています。生き残るために、変化に敏感に反応できる能力を身に付けましょう。瞬時の判断力が、あなたを危険から遠ざけてくれます。

いまの時代をどう生きる？

　天災・人災、いつ何が起きても不思議でない世の中ですが、いまこそ、生き方が問われる時代はないと思います。

　私は、これまで自分は何をやっても不器用で、要領が悪い人間だと思っていました。LINEなんて、入れるわけがありません。初めからラインの外で生きているのですから……。でも最近、それが自分の「こだわり」なのだということに気付いたのです。

　スマートフォンの出現により、私の存在はかなりの方から削除されました。ラインから外れている人間とは付き合う必要がないからです。忙しい時代、また公衆電話の数が減ったことで、私にとっても携帯電話は必需品になりました。

　そして気付くと、メールが主流をなし、余程のことがない限り直接電話をかけることが、礼儀をわきまえない行為のようにとられる"ムード"が高まっていったのです。

　確かに電話を差し上げた時に、相手が何をしているか分からないわけですから、迷惑の場合もあるでしょう。ですから必ず初めに「いま、よろしいですか？」と確認

します。でもなかなか「いま駄目です」という方はいません。そのうちメールを多く戴くようになり、その都度、返信しているうちに私もメールの回数が増えていきました。電話なら、相手の声音で元気なのか否か、機嫌が良いのか悪いのかが分かりますが、メールでは本当のことまでは分かりません。

　それでもガラケー（ガラパゴス・ケータイ）同士の場合は、何とかコミュニケーションがとれていました。

　それが相手がスマートフォンに替えた途端、人間関係が希薄になったと実感しています。こちらが誠心誠意で長いメールを差し上げても「了解しました」の一言では、コミュニケーションどころではありません。またプロバイダー（接続業者）によって、つながり方が微妙に違うようです。いつまでも返信がないので「何か気を悪くしているのか？」と思い、電話すると大半が見過ごしているのです。LINEメンバーは、しっかりチェックしているようですが、その隙間に入る個人のメールは、余程、目をこらして見ない限り、スルーされてしまうのでしょう。

　語彙が乏しくなったと感じるのは、スマートフォンの場合、言葉を設定された中から選ぶため、デリケートな言い回しができません。変換ミスで、「？」と思う言語もチラホラ。

電話よりメールの時代になり、聞き取り能力も低下したと思います。相手の言うことをしっかり聞くという習慣が薄れたため、名前を何回も聞き直したり、内容を理解できない方が増えてきているように思えます。言葉が丁寧すぎる割に何も聞いていないのです。敬語も相手より、自社の上司に対して「伺ってみます」とか、「折り返し、本日中にお電話します」とか。折り返しとは、時間を置かず、すぐにという意味ですよね？

　NTTの番号案内では、その能力に差があることを感じます。ベテランのオペレーターになると「そのお名前でのご登録はございませんが、似たようなお名前で、○○ならございますが……」とか、場所が特定できない場合でも、「○○区と○○区の境で、○○ではありませんか」といったふうに。でも中には、一言一句全て同じでないと、あっさり「そのお名前でのご登録はございません」と切られてしまいます。

　飲食店にも生き残れるお店とそうでないお店がはっきりしてきました。食の激戦区でもある東京では、オリンピック・パラリンピックを控えてか、突然、閉めるお店が増えています。でもその中で、しっかりと生き残っているお店もあります。

　いずれも30年近く続いていますが、それなりの「こだわり」をもっています。一軒は焼き肉店ですが、女性

店長が幅広い顧客層を笑顔で裁き、顧客の好み、また普段の食生活で不足しているようなものを上手に盛り込むようにキッチンに指示します。

　コック長がお店に出ることはありませんが、そのオーダーで誰が来ているのかが分かるのです。また、焼きはまぐりを出す場合にも「こだわり」があります。調理して出してくるのではなく、炭火で顧客自身が焼きます。ほど良く火が通ったところで、お醤油を一滴。顧客にとっての真剣勝負は、炭火に乗せた時のはまぐりの位置。安定が悪いと、一番おいしい煮汁がこぼれてしまいます。そこで開発したのが、クッキングホイルを鍋敷き代わりにしたリングなのですが、この小さなリングの作り方いかんで、不安定になってしまいます。安定したリングでも挟んで、目の前まで運んでくる時にコロンとバランスを崩せば、貴重な煮汁を口にはできません。そこで顧客の知恵と工夫の見せどころ。別のリングを初めから自分の前に置いておきます。はまぐりの下に付いているリングは網の上に残しておきます。このリングもスタッフがみんなで作るのではなく、名人がいるのです。美味しいものを美味しく頂くには、スタッフと顧客の「こだわり」のコラボレーションが何より大切。美食家の永六輔氏が亡くなる直前まで通われた店（雑草屋）。

　もう一軒は、50種類もの料理を素材の良さを生かし

調理する創作料理店です。家族的な雰囲気で、マスターとママは顧客の生き方を見抜く名人。店内に入った時の顧客の顔色で何があったのか分かります。帰り際に「間違っていませんから！」と一言いわれると、悩んでいたことが馬鹿のように思え、また次の日から頑張れるのです（料理倶楽部）。

　二軒とも、何年ご無沙汰をしようが、同じ態度で歓迎してくれるのが魅力。地上げ屋に屈することもなく、ひたすら店を守り通しています。

　つけ麺一筋にこだわり続けたラーメン店の創始者が、人生を全うし、天国に旅立たれました。創業50年目でした。弟子の数は、全国に100人以上。普通、店主は秘伝の味を簡単には教えず、のれん分けの際には弟子たちからお金を取るそうなのですが、この店主は美味しいつけ麺をたくさんの人に食べてほしいと、惜しげなく弟子たちに技術を教え、のれん分けしました。

　「食材には、それぞれの命がある。それを粗末にしてはいけない」とつけ麺のスープを煮込むことで、食材の人生を全うさせたのです。

　戦後、食糧難の時代を乗り越えていらしたからこその「こだわり」だと思います。麺も自家製だそうです。一人の顧客がこんなことを言っていました。「さりげない気遣いが人柄を表していて、そんなおやじさんに会いた

くて、通い続けました」。元気がない時、チャーシューを1枚多く入れてくれたといいます。

のれん分けされたお弟子さんたちが、店主の志を受け継ぎ、それぞれの場所で、こんなお客さんからの声が聞こえれば、きっと良い世の中になると思います。謹んでご冥福をお祈り申し上げます。

何の「こだわり」も持てず、ただ感情をぶつけるだけの人。インターネット上にひたすら他人の悪口を発信する人たち。そのデータから病との関係を割り出した医師がいます。ネガティブな考えの持ちが多い地域は、病気にかかる割合も高く、ポジティブな人は健康だというのです。

世の中には、考えられないような事件を起こす人がいるものです。名古屋の不認可の介護施設では、介護士が寝たきりの患者に馬乗りになって、患者の鼻に指を突っ込み、のけ反らせ虐待しました。その画像をLINEで仲間に流し、楽しんでいたところ、別件で逮捕された時に警察が没収したスマートフォンの中で、この残虐行為が発覚したのです。逮捕時、この介護士は「苦しむ姿を見るのが、おもしろかった」と。

女性のストッキングに硫酸をかける卑劣な行為を続けて逮捕された"硫酸男"。以前にも自分の体液を女性にかけたりして、今回は執行猶予中の事件でした。

また進路が決まらず、「むしゃくしゃしていた」と警察にテロがあったかのような電話を入れ、警察や消防をてんてこ舞いさせた"お騒がせ男"……。
　どれも心が病んでいるとしか言いようがありませんが、母親に抱かれて愛情豊かに育った子どもでないことは確かです。大学受験に失敗して、犯行に及ぶケースも目立ちますが、これは親の期待が大き過ぎて、それに応えられないと分かった時、これまで親に良い子でいた自分を捨て、悪い子に徹することで親を困らせたい、破滅させてやりたいと変貌するのです。何れにせよ、親子間の歪んだ結果であることは間違いありません。
　日本は、加害者の人権の方が強いですから、逮捕されてもすぐ釈放され、再犯を繰り返す傾向にあります。心の闇に触れない限り、根本的な解決にはなりません。まず自分の親・先祖がどのような人物だったのか。そこに触れるべきでしょう。
　人生は「輪廻転生」。人は生まれては死に、また他の世界に生まれ迷うことを、いつまでも繰り返すわけです。いま許されても、別の世界で例えば子どもや孫が苦しむことにもなりかねません。逆にその時に酷い目に遭わされても、次世代で幸せな世界を歩むことができる場合もあります。
　私は、そのことを身をもって感じています。祖父・半

田幸助は、明治時代、最悪の汚点とされた「大逆事件」(明治43年)の幸徳秋水らの弁護士として、身を挺して裁判に挑み37歳の若さでこの世を去りました。政府が暴走していた時代で、政府にとって目の上のたんこぶと目を付けられていた多くの社会主義者が拘束され、うち24名を「特別裁判」という形で、ろくろ

祖父・半田幸助

く審議もせず、処刑してしまったのです。明治天皇の暗殺を計画したかどうかということですが、関わった人物はたった4名でした。

　祖父はこの時、虫垂炎にかかっており、裁判が終わった時点で力つき果てたのでしょう。帰らぬ人となりました。残された祖母は、何不自由なく育ったため人を疑うことを知りませんでした。祖父の死後、書生の出す白紙委任状に次々盲判を押してしまったのです。家屋敷をはじめ全ての財産を騙し取られ、裸同然で追い出されたそうです。一人娘だった私の母は、祖母を抱え、僅かに残った株券を風呂敷に包んで胴巻きにし、兜町に何度も足を運んだといいます。残ったものは、日本橋の本籍だけで

した。

　家屋敷・全ての財産を騙し取った書生は、遊び過ぎて脳梅毒で死んでしまいました。そして、祖父に師事していた中村啓次郎氏（元衆議院議長）が見るに見かねて、法律家を志していた（私の）父に養子に入るよう勧めたとか。

　血は争えないもので、母も祖母に負けないくらい猜疑心のもてない人でした。近くのおそば屋さんの出前もちが、詐欺を働き母は一番目の被害者だったようです。警察から被害届を出すようにいわれ、パトカーで警察署に連れて行かれたのですが、その被疑者が自分の長男と同じ年齢だったこと、初犯だったこともあり、被害届は出せませんでした。警察署を出た母は、お財布のないことに気付き、駅員さんに切符の代金をお借りし、家に帰って来ました。その数日後、出前持ちがお詫びに来たのですが、「田舎に帰るので、旅費を貸してほしい」と頼まれ、性懲りも無く、またお金を貸してしまったのです。母は、改心してくれたと喜んでいましたが、数ヵ月が経った頃、パトカーのサイレンがけたたましく鳴り、出前持ちは別件で"御用"となりました。

　私は祖父と出会ったことはありませんが、祖父の血を強く感じることがあります。町内で地上げ問題が起きた時、近隣の代表（選定当事者）として、弁護士も付けず

相手側の弁護団を相手に戦い、最高裁までいったことがあります（「講談社出版の「裁判官は、宇宙人！」に詳しい。）。

特殊な言い回しの裁判調書をいとも簡単に読みこなせたのは、37歳後の祖父の人生が私に乗り移ったとしか考えられません。

お盆・お彼岸の時期になると、祖父に呼ばれる気がしてお墓参りを欠かしたことがありません。インフルエンザや悪質の風邪が流行っている時は、外出自体を躊躇することもありますが、そんな時、息子から「行ってきたから……」と祖父のお墓の写メールが入ると、志を受け継いでくれたとホッします。

輪廻転生は、どの命にも宿っているのです。

自然災害による自助とは？

　防災とは、文字通り防ごうと思えば、防ぐことができること。減災とは、防ぐことはできないけれど、被害を最小限に抑えようという試みです。

　防災対策として、例えば火災。まずは火を出さないことです。既存住宅においても、遅くとも平成23年5月までに住宅用火災警報器の設置が義務化されました。しかし、火を出してしまってからでは遅いのです。火災の原因は、天ぷら油のように思われがちですが、実は電気のものが多いのです。ドライヤーをかけている間に地震が発生したとします。電気は東電等が自動的に切ってくれるので、消えていると思って、スイッチをオンにしたまま避難したとします。ところが地震が収まり安全が確認されると電気を自動的に復旧させるので、ドライヤーは無人の家で火を噴くことになります。パソコンの加熱も気を付けてください。

　そこで、いざという時に備え「感震ブレーカー」の設置をお勧めします。既存のブレーカーの横に地震の揺れを感じると、自動的にブレーカーを落としてくれる器具で、最近は震度を設定できるタイプもあり、価格も3,000円位からあります。市区町村によっては、補助金を出し

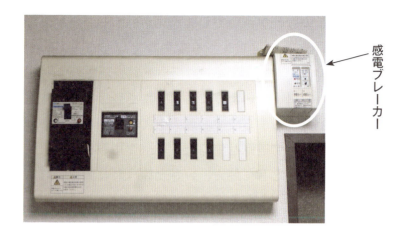

感電ブレーカー

ている所もありますので伺ってみてください(ガスも自動的に止めてくれますが、復旧は安全のため自分でメーターボックスに付いているボタンを操作しないとガス栓は開きません。)。

　私は、ガス台の横に可愛いサイコロ型の消火具(そのまま入れるだけ)をまた各部屋には、投げるだけの消火剤を置いています。期限切れのミネラルウォーター・ジュース……何でも消火具に変身します。最近は、火災発見から初期消火まで全自動でやってくれる住宅用消火装置もあります。取り付けも自分でできます。これだと留守中でも安心ですよね？

　火災で火が天井まで燃え上がってしまう原因の一つにカーテンがあります。我が家は、防炎カーテンに替えました。クリーニングしても消炎の効果が薄れません。フッ

クも燃えないものが良いでしょう。

　万が一、火災で避難せざるを得なくなったら、床上30cm位まで姿勢を低くしてハンカチ等で鼻と口を押さえて、煙りを吸わないようにしてください。有毒ガスが炎の熱で上昇するからです。煙の中にも空気はありますので、息を止めて避難してください（煙避難具・また普段はエコバックとして使え、いざという時に頭を守れる防火・防災ずきんもあります。）。韓国の地下鉄火災が発生した際、床を這って避難した方は助かっています。

　火災のような一刻を争う避難は、身一つ。落ち着いて、避難経路にそって外部に出ることだけを考えましょう。

　自宅で火災等に遭った場合も同じです。普段から避難経路を確認し、決して戻らないことです。予め大切なものは銀行等の貸金庫に入れて置くと良いとは思いますが、保険証券を紛失しても身分を証明されるものがあれ

平成31年（2019年）4月15日（月）ノートルダム大聖堂火災
パリの世界遺産でさえも失火による不注意で、一瞬のうちに灰となってしまう

ば、保険会社が対応してくれます。

　大災害に備え、家に留まれる場合と避難する場合に必要な備蓄品を用意しておきましょう。いずれにも必要なのは、トイレと水です。自治体等の仮設トイレは、100人に1基が目安です。そのためトイレを我慢して、膀胱炎になったり水分を控えて脱水症状になるなど体調を崩す方が多いようです。

　断水した場合は、トイレも水が流せませんから、汚物と使用した紙は別々に捨てましょう。簡易トイレの種類もたくさんありますから、家族の人数や使い勝手によって選んでください。避難の場合は**ポンチョ付き簡易トイレ**がお勧めです。マンション等で、良くお風呂に水をはって、災害時のトイレ用に使おうと思っていらっしゃる方が多いのですが、地震発生時は汚水管に亀裂が入っている場合、一軒でも流せば、階下に漏れる可能性がありますから、絶対に流さないで下さい。ゴミの収集車も来られないと想定し、匂い対策も必要です（**厚手のジッパー付きビニール袋が匂いをシャットアウト**してくれます。）。

　南海トラフ地震を想定した場合、1週間以上の備蓄が必要とされています。自宅に残ることができる状態であれば、**水1人3ℓ×7日分×人数分**ですが、この量の水をペットボトルで用意したら、とんでもない本数になりますから、レンタルの**タンク式の水か段ボール**の温泉水

等が良いでしょう。東日本大震災の直後にペットボトルの水が、スーパーマーケットやコンビニエンスストアから姿を消しましたが、それは水が無かったわけではなく、ペットボトルの蓋を東北地方で作っていたために入荷ができなかったのです。

　勿論、持ち出し用はこんなに無理ですし、一時避難所等のスペースは、およそ畳１畳半程度ですから、多荷物は他の方のご迷惑にもなり、また自分の居場所も狭くなり、エコノミークラス症候群になるかも知れません。また盗難も多発していることから、ポシェットが良いと思います。トイレ等に行く際も身に付けていれば安心です。私のポシェットには、43種類の備蓄品が入っています。持ち出し用は、かさ張らない・軽い・運びやすいの３つのいが鉄則です。

　自宅においては特別な非常食も良いのですが、大半が賞味期限を過ぎ捨ててしまうという、高額にも関わらず、勿体ない結果になってしまいますので、基本はローリングストックだと思います。

　ローリングストックとは、食べては補充し、食べては補充していくことで、賞味期限を切らさない方法です。例えば、冷凍庫の中に空間を空けないように食品を目一杯詰め込みます。空間ができるようであれば、保冷剤か長期保存用の水パック等で埋めます。冷蔵庫は、空間を

作り食品が呼吸できるようにしておかなければ腐ってしまいますが、冷凍庫は空間があると電源を切られた場合、溶けてしまいます。冷凍庫には、火を加えなくても食べられる物。例えばパン・炊いたご飯・ハムの固まり・湯がいてある冷凍の野菜等を入れておけば、災害時にはそのまま食べられますよね。災害時は日常と変わらない味が一番、心を安定させてくれるのです。ジッパー付きビニール袋に日付を書いておき、古い順から食べてしまいます。冷凍食品は空間を無くし、目一杯詰め込めば数日間はもつということを東京〜モスクワ間を何度も往復して悟りました。発泡スチロールが冷凍庫代わりでした。

　冷凍庫以外には、1斗缶のドライ米・缶詰を用意しています。あとは非常食でも普段使って美味しいもの、発熱材を使って温められる非常食等を揃えています。ちょっと一品足りないと言った時、使っては補充しておくと便利です。缶詰は、さけ缶は良く使いますし、いわしやさんま・さばの味噌煮は、DHAやEPAも多く含んでおり、栄養価も高いので、非常時の体力保持にも役立ちます。

　2010年9月、フランス山村で78歳の女性が谷底に落ち、1週間、水も食糧もない中で生き延びました。この方は、無駄にエネルギーを使わないように、寝ていたそうです。ポケットに入っていたチョコレート一かけらと

雨水を飲んで凌いだとか。一週間後に救出された時も笑顔で「この地方の人はみな明るいから……」と答えていました。極限状態に陥った時に冷静・あきらめない・希望をもち続けられる方は、必ず助かっています。また幼い時に愛情豊かに育った子は、愛着面で心が安定しているため、いざという時にも誰かがきっと助けてくれると信じ、パニックになりません。子育て中のお母さんは、怒っても必ず抱きしめてあげてください。

　一週間程度、食べなくても維持できるように、私はダイエットなどせず、美味しいものを頂き、お腹に備蓄しています。

　知恵と工夫で生き残りましょう！

　災害時は、まず自分の身を第一に考えましょう。自分が助けられる側に回ってしまっては、大切な家族は守れません。一人一人が、てんでんばらばらに身の安全を図る、まさに「てんでんこ」の精神です。

- 地震の時は、危険なものから離れ、大きな揺れが収まるまでしゃがんで頭を守り、じっとしていてください。揺れが収まった時点で、次の行動を考えます。その場所が安全なら、無理に外へ出ないことです。地震そのもので亡くなる方はいません。家屋の倒壊や家具の転倒ですので、耐震補強や家具の固定（L

字型)をしっかりしておきましょう。寝室には高い家具を置かないことです。ご自分の目線より上のものは、全て"凶器"です。押し入れの中が揺れませんよ！

エレベーターは、使いません。もしエレベーター内で地震が起きたら、全ての階のボタンを押し、扉が開閉された階から脱出します。停止してしまったら、非常ボタンを押せば、直接、エレベーター会社の職員と話ができ、救助員が派遣されます。

○液状化が起こったら、外は危険ですから室内に止まり、なるべく上の階に避難してください。義母が千葉県浦安市に住んでいますが、ライフラインが断たれ、二週間以上、水が使えない状態が続いたそうです（千葉県だけでも約4万世帯が被害に遭いました。）。

○火山噴火が起きたら、灰をかぶらないようにマスク・ゴーグル・ヘルメットをかぶり、窓等を閉め、避難勧告・避難指示に従って、スピーディーに避難しましょう。私は、PM2.5にも対応できる強力な空気清浄機を居間に置いています。何せ、日本には、いつ活動期に入っても不思議でない活火山が49もあ

るのですから……。
○ 土砂災害は、土砂が上から下へ流れ落ちるため、避難の際は基本的に"カニ"さんのように横に逃げましょう。

　自然災害に備えては、ハザードマップを使って、ご自分の住まいがどういう所なのか、危険箇所等を事前に調べておくことと、何といっても普段の危機管理意識を風化させず、持ち続けることです。地下鉄・スーパーマーケット・劇場等、いまいる所で地震が起きたら……と瞬時の行動をどうするか想定することです。一番心配なのは、長いエスカレーターで手すりにも摑まらず、夢中でスマホをやっている方です。上の方が転べば、将棋倒しになって人が落ちてきます。

　また空の色、自然の息遣いに敏感になりましょう。最近の天気予報はご親切に、洗濯ものの取り込む時間帯まで教えてくれますが、空が暗くなったら取り込むなど自分で考えることによって、竜巻の被害からも免れるのです。

ワンポイントアドバイス
被災したら、被害状況を市町村に申請し「罹災証明書」（「災害対策基本法」に基づき市町村が証明するもの）を発行していただくことをお忘れなく！

津波抑止新制度

　政府は「南海トラフ地震」を想定し、被害を最低限に抑えるべく、新制度を導入しました。南海トラフ地震による最大津波は、満潮時20メートルといわれています。高知県で浸水域に入る福祉施設・公立学校は2〜300以上。

　そこで、国が市・町・村に対し、高台に移転する施設等の費用を渡すという試みを図ったのです。施設が単独で移転するとなれば、7億円の借金を背負うことになります。この制度を利用することで、事前に安全な場所に移動ができるわけですから、積極的に移転を希望し、着工を急ぐ施設があるのは当然です。しかしその反面、躊躇する施設もあり、"運命の岐路"に立たされているようです。

　戸建てで希望する方もいらっしゃいますが、戸建ての場合は10軒がまとまって移転希望する場合という条件があります。この10軒がなかなか集まりません。

　津波が来ることが分かっていても、慣れ親しんだわが家を捨てる覚悟ができないのです。郷土愛は地方の方が強いでしょう。

　どの道を選択するかは自由ですが、選択した以上は何があっても、国や行政のせいにするべきではないと思い

ます。韓国のセウォル号沈没事故のように防ぐことができたのに利益優先で見逃してきた人災ともいえる政府の責任は重いです。原因究明のために船を引きあげろといわれれば、その費用がいくらかかろうがせざるを得ません。しかし自然災害はある日突然、襲ってくるもので防ぎようがないのです。その時期が早まっているとすれば、それは世界規模の地球温暖化が要因であることは間違いありません。便利さや快適さを求め、散々自然を痛めつけてきた温床でしょう。甘んじて受けざるを得ません。その中で最大限にできることを政府が打ち出しているわけですから、それを放棄する以上、後は自己責任です。「遺体を探せ」などというべきではないと思います。

　また行政も説得をしたにも関わらず、拒絶された場合は、それで十分です。必要以上にご自分を責めることも考え込むこともしてはいけません。「なすべきことは、全てやった」と自信をもち、自助を優先してください。

　それぞれが、それぞれの立場で下した判断が全てです。

天災・人災から身を守るには……

　4枚のプレート・110の火山を保有する我が国、日本。ここ数年、地震・火山の噴火・豪雨・土砂崩れ・竜巻……等、まるで自然が怒っているような天災が目白押しです。その度に、行政の判断が問われます。

　しかし、世界で日本ほどハザード・マップが充実している国はありません。それをどう生かし、身を守るかは、あくまで個人・個人の問題なのです。

　消防・警察・自衛隊の救助にも限界はあります。

　まずは、自分の住んでいる所がどういう所なのか？地盤が固いか・傾斜地か・河川が近いか、高層マンションか等、弱点を探します。そこで最悪な状態を想定し、その時どう行動すれば生き残れるのかを考えます。

　災害は、いつ・どこで・何をしている時に起きたかによって被害状況も変わってきます。常に「いま、ここで起きたら……」と危機管理意識を持つことです。自然災害に対応するには、自然の"息遣い"に敏感になりましょう！

　天気予報だけに頼らず、空模様・その変化を肌で感じることによって、自ずから行動が決まってきます。

　気象庁は、注意報・警報・特別警報と大きく分けて

3段階のレベルで危険を発信します。しかし平成27年（2015年）9月10日（木）、台風18号から変わった低気圧の影響で、茨城県常総市で鬼怒川の堤防が決壊した惨事においては、「特別警報」（数十年に一度の降雨量や強度の台風などによる大雨が予想され、重大な災害の危険性が著しく高まっている場合に出す「非常事態宣言」）が出てから行動するのでは遅すぎるのです。

　また人間には、「見たい・知りたい」という本能が働きます。野生の動物であれば、身の危険を感じた時、逃げるなり物陰に隠れ身を守る習性が備わっていますが、人間は興味や好奇心が先行してしまうのです。勿論、自分が身の危険に晒されるとは予想だにしていません。東日本大震災の津波の時も鬼怒川でも海や堤防を見に行き、被災された方がいます。

「君子危うきに近寄らず」。瞬時の判断が、明暗を分

けるのです。

そして、常にゼロからのスタートが切れるように開き直りの精神も身に付けましょう。

人災においても「君子危うきに近寄らず」。最近、子どもの深夜徘徊が増えているそうです。親子の人間関係が希薄になり、子どもたちは、仲間をスマホのLINE（無料携帯アプリ）を通じて探します。そこで強い"絆"ができたような錯覚を起こすのです。深夜、呼び出しをかけられた子どもは、仲間と見なされていると安堵し、家を抜け出しては、仲間のもとへ走ります。そんな子どもたちを餌食にする大人たちが、至る所にいることを忘れてはいけません。事件は、起こるべくして起きているのです。

人間、生まれてくる時も一人なら、死んで逝く時も一人。仲間と離れ、一人を楽しむ勇気も必要だと思います。

経済効果が被災者を救う！

　異常気象の後に「大災害」というのは、世界の至る所で囁かれてきましたが、平成30年（2018年）の夏は、猛暑を通り越し、連日35℃を超える日が続き、"酷暑"でした。

　平成最悪の西日本豪雨も、気候変動の爪痕かもしれません。一日も早い復興を願うのは、国民感情ですが、大災害と「カジノ法」をリンクさせ、カジノは賭博だ。被災者が優先されるべきだろうと声高に騒ぐ野党の方々には違和感を感じます。競馬もイギリスでは、貴族の遊びであり、オリンピックに向け、少しでも外国人にお金を落としてもらおうと考えるのは当然のことです。

　日本を訪れる外国人は年々増加しているもののその割に収入は少ないのです。一時期助けられた"爆買い"もいまは、影を潜めました。諸外国のように日本はチップ制ではありませんから、労力の割に収入に結びつかないのです。

　お金がなければ、被災地の復興だってかないません。綺麗事ばかり言っていないで、経済効果を図りましょう！

おわりに

　最終章までお付き合いくださいました読者の皆さま、ありがとうございました。

　また、「励ましメッセージ！」をお寄せ戴いた福地茂雄さま・佐代子さまに感謝の気持ちで一杯です。改めて40年間もお付き合いさせて戴いたのだと懐かしく人生の頁を振り返っております。

　福地茂雄さまのご著書「お客さまのために」（毎日新聞出版）を拝読し、共感できることばかりだったのは、私がご夫妻の生き方に刺激され、学ばせて戴くことが大きかったからだと思います。

　「一期一会」を大切に、常に目の前の人・仕事に全力投球してきたことが結果的にいまの危機管理の仕事に結び付いたのだと自負しております。

　人生に無駄はありません。前の頁があるからいまの頁があり、次の頁に進めるのです。そして幸せと思えるか否かは、個人個人の心の中にあるということ。

　進路が決まらないと焦る学生さん、また現在悩んでおられる方々の少しでもお役に立てれば幸甚です。

　最後になりましたが、"アナログ人間"の著者に今回も「あなたシリーズ」の一冊として、気長く本の作成に当たってくださいました株式会社近代消防社の三井栄志

社長また構成にご協力戴きました藤村俊一氏に感謝し、筆を置かせて戴きます。

半田　亜季子

一 期 一 会

索引　INDEX

あ行

アーリントン墓地　79
あいうべ体操　48
アウシュビッツ収容所　82
アスペルガー症候群　98
安全保障法　128
生きる術　33
生きる力　3
イスラム国　70
一期一会　217
インテリジェンス・コミュニティー
　　　　　148, 149, 150
運命の岐路　211
永六輔　195
液状化　209
エコノミークラス症候群　206
エコポイント　65
エシュロン　136
冤罪　61
エンバーミング　164
沖縄返還協定　84
奥田誠　174
オリンピック・パラリンピック　95
御嶽山　9

か行

介護難民　25
介護保険法　24
海洋主権宣言　83
カジノ法　216
桂米朝　163
加藤達也　87
感震ブレーカー　202

キューブラー・ロス博士　176
金融庁　20
グレーゾーン　128
君子危うきに近寄らず　139
高額療養費保険制度　14
後方支援（重要影響事態法）　129
国際テロ　135
告知義務違反　19
個人情報保護法　145
国家安全保障会議（NSC）　129
国家テロ対策センター　182
根管治療　7
近藤誠　3, 173

さ行

雑草屋　195
佐藤優　74
三大疾病　13
地震保険　26
自分の身は自分で守る　16
ジャーマンウィングス　115
終活　164
住宅用火災警報器　202
集団的自衛権　130, 137
重要事項説明書　20
首都直下地震　152
睡眠貯金　64
菅原文太　4
すずらん　122
捨てる神あれば、拾う神あり　57
スマホ依存症　97
生活習慣病　32
尖閣・竹島　83
千人針　37

尊厳死 186
存立危機事態 132

た行

大逆事件 178, 199
待機老人 55
耐震補強や家具の固定（L字型） 208
田上富久 118
竜巻 124
地域包括ケア 65
地下鉄サリン事件 138, 147
長周期地震動 153
テクノストレス 8
てんでんこ 208
東京大空襲 141
特定秘密保護法 137
渡航の自由 93
鳥越俊太郎 71
ドローン 142

な行

中島伸欣 45
中村啓次郎 200
日本新聞協会賞 74
認知機能検査 69
認知症予防 6

は行

墓じまい 164
ハザードマップ 210
花は咲く 175
羽生結弦 172
阪神・淡路大震災 79
半田幸助 85, 198

日枝久 189
東日本大震災 121
ピン・シャン・コロリ！ 35
福地茂雄 118
ベネッセ個人情報流出事件 146
ボーン上田賞 74
保険戦争 12
ホメイニ政権 71
捕虜交換 76
ホロコースト 88

ま行

マイナンバー 66
マイヤ・プリセツカヤ 176
万引き家族 61
皆川優太 120
民事不介入 131
無法地帯 143
モスクワ放送 73
もやもや病 106

や行

有機野菜 4
横田早紀江 74

ら行

罹災証明書 210
李承晩ライン 84
料理倶楽部 196
輪廻転生 198
ローリングストック 206
六本木トンネル 159

≪著者紹介≫

半田 亜季子（はんだ あきこ）

東京都出身。私立跡見学園女子大学英文科卒業。NPO法人日本防災士会参与（広報担当）。NPO法人日本防災士会東京都支部副支部長。社会貢献学会（文部科学省）理事。（一社）防災安全協会顧問。心理士。

テレビ・ラジオリポーターを経て、ジャーナリストとして活動。1986年には、モスクワでチェルノブイリ事故に、1991年には、クーデターに、また1996年アトランタオリンピックではテロに遭遇。身を持って危機管理の重要性を実感。

警視庁、東京消防庁各消防署、学校等で講演を通じ、極限に陥った時の身体と心の動き・身の守り方を分かりやすく、かつ楽しく解説している。

あなたは、いま幸せですか？〜心の転倒防止〜

令和元年5月30日　第1刷発行

著　者	半田　亜季子（はんだ　あきこ）
発行者	三井　栄志
発行所	株式会社　近代消防社
	〒105-0001 東京都港区虎ノ門2丁目9番16号
	（日本消防会館内）
	TEL　東京 (03) 3593-1401（代表）
	FAX　東京 (03) 3593-1420
	URL　http://www.ff-inc.co.jp
	E-mail　kinshou@ff-inc.co.jp
	振替＝00180-5-1185
印刷製本	創文堂印刷株式会社

ISBN978-4-421-00929-3 C0030　　©printed in Japan, 2019

定価はカバーに表示してあります。
〈乱丁本・落丁本は、お取替えいたします。〉
編集・著作権及び出版発行権あり
無断複製転載を禁ず